가장 나다운 모습을 찾아서

엄마의 첫
SNS

가장 나다운 모습을 찾아서

엄마의 첫

SNS

부자영 지음

izi PUBLISHING

빛나는 나를 만나다

'나는 지금 어떤 가면을 쓰고 있을까?'

이 책은 이 질문으로부터 시작했다. 숲에서 세 아이를 키우는 나와, 온라인상에서 활발하게 소통하고 있는 나는 같지만 다르고, 다르지만 같은 사람이었다. 이런 걸 요즘 사람들은 부캐 혹은 페르소나라고 부른다. 그렇다면 나의 '본캐'는 무엇일까? 그것이 그즈음 나를 따라다니던 질문이었다. 그리고 이 책을 집필하는 동안 그 질문에 대한 답을 찾았다.

온라인에 존재하는 '나날'은 사실 내가 동경하고 지향하는 모습이었다. 떠오른 생각을 망설임 없이 실행하고, 주눅 들지 않고 이야기하고, 자신감 있게 자기다움을 내비치는 사람. 내가 그럴 수 있었던 것은 본래의 나와 온라인의 나를 완전히 구분했기 때문이다. 현재의 나는 말수도 적고 표현은 더 적은 사람이지만, 새로운 세계에서는 새로운 설정을 할 수 있지 않을까?

그렇게 3년여의 시간을 온라인에서 보냈다. 내향인 엄마는 온라인 세계에서만큼은 자신의 이야기를 펼쳐 놓는 사람이 되었다. "너는 노래를 잘하는 거니, 못하는 거니?"라고 묻는 친정 엄마의 질문에 쉽사리 대답을 못하면서도 온라인에서는 누구보다 뻔뻔하게 노래를 부르는 사람이 되었다. 그리고 이제 안다. 부끄러움이 많다고 손사래 치던 내 안에 사실은 자유롭게 에너지를 뻗어 내고 싶었던 내가 있었음을. 결국 부캐로 설정했던 모습은 내가 그토록 세상 밖으로 내놓고 싶었던 내 안의 또 다른 나였음을.

온라인 활동을 하면서 나의 이야기를 세상에 드러냈다. 남들이 원하는 것 말고, 내 안에 구석구석 숨어 있는 욕망을 찾았다. 내가 좋아하는 것을 찾아 경험하고 쌓아서 기록하고 공유했다. 3년 동안 내가 한 일은 이것이 전부다. 그 3년의 시간이 엄청난 수익을 내거나, 나를 굉장한 유명인이 되게 한 것은 아니지만, 그 과정을 통해서 나는 본래의 나를 만났다. 수많은 가면 속에 숨어 있던 맨 얼굴을 만났다. 빛나고 아름다운 나와 마주했다.

이 책을 쓴 것은 딱 그 이유 하나다. 엄마라는 가면 속에 갇혀서, 혹은 여러 가지 사회적 가면 안에서 여전히 숨이 막혀 갑갑해 하는 친구들에게 보내는 나의 다정한 메시지이길 바랐다. 딱 한 걸음만 앞으로 나와 보라고. 나를 가로막는 건 사실은 나였을지도 모른다고. 그러니 조금씩 자기만의 날갯짓을 시도해 보라고.

나는 산에서 세 아이를 키우는 전업 맘이다. 직업을 가질 수도, 그렇다고 바깥으로 나가서 활동을 할 수도 없는 상황에서 그나마 조금씩 했던 것이 SNS이다. 어떤 특별한 콘텐츠가 있었던 것도 아니다. 내가 살아가는 곳, 아이와의 관계, 좋아하는 취미 생활을 하나씩 하나씩 기록하다 보니 어느새 나의 콘텐츠를 좋아하는 사람들이 생기고, 그것이 한 권의 책이 되었다. 취미로 하던 기타는 강연의 소재가 되었고, 좋아하는 글쓰기를 지속하기 위해 사람들을 모아 함께하다 보니 수입이 되었다. 무엇도 작정하고 덤벼든 일은 없다. 일상을 특별하게 바라보고 기록했더니 어느새 내가 원하고 바라는 모습으로 살고 있었다.

그렇다고 내 삶이 확연히 달라진 것도 아니다. 아이들의 등·하원 시간과, 여러 가지 돌봄과 관련된 시간을 고려하다 보면 할 수 있는 일보다 할 수 없는 일이 더 많다. 포기해야 하는 일도 생기고, 바라만 봐야 하는 일도 있다. 그럼에도 나는 내 처지를 낙담하고 불평하기보다 꾸준히 내가 할 수 있는 만큼 세상을 향해 문을 두드린다. 어쩌면 이것이 내 삶의 균형을 이루는 동력이다. 엄마의 자리를 지키면서 무리하지 않는 범위 내에서 시도하는 것. 지금은 꾸준히 나를 쌓아 가는 시기임을 인지하는 것. 할 수 있는 것은 피하지 않고 해내는 마음이다.

코로나19 시국은 오히려 이렇게 물리적인 한계가 있는 나 같은 엄마들에겐 한계를 극복할 수 있는 기회가 되었다. 외부로 나가지 않아도 양질의 수업을 들을 수 있고, 온라인으로도 사람들과 프로젝트나 강의를 진행할 수 있기 때문이다. 시간이나 장소에 구애받지 않고 집에서도 얼마든지 내가 하고자 하는 일을 할 수 있는 환경이 되었다. 이 환경을 충분히 활용하면 좋겠다.

두 번째 책을 쓰면서 가장 많이 들었던 생각은 엄마가 '나날'로 활동할 수 있게 늘 나를 지지하고 자랑스러워해 주는 가족에 대한 고마움이었다. 예전만큼 엄마로서의 역할을 제대로 해내지 못하고 있다는 두려움이 때때로 찾아올 때마다 아이들은 온몸으로 지금도 충분하다고 표현해 줬고, 남편은 버거울 때마다 구원투수처럼 나타나 끝도 없는 내 고민들을 묵묵히 들어주고, 세 아이를 도맡아 주기도 했다. 내가 첫 책을 가족의 성장 이야기로 시작할 수밖에 없었던 이유다.

그 외에도 온라인 활동을 하면서 마음을 주고받는 수많은 친구들, 특히 책에도 언급될 만큼 나에게 영감이 되고 배움을 주는 동료들에게 감사하다. 혼자의 힘으로는 여기까지 올 수도 없었고 앞으로도 마찬가지임을 안다. 가까이서, 때로는 멀리서 자기만의 기록을 꾸준히 이어 가며 자유롭게 헤엄치다가 드넓은 바다에서 만나기를. 그날을 기다리며 오늘도 유유히 온라인 세상을 헤엄쳐 본다.

content

PART 3

온라인 생존기 A to Z

PART 4

진정한 '나'로 살아남기

PART 1

현재의 '나'와 마주하다

엄마,
N잡러가 되다

나는 아이 셋을 키우는 10년차 전업주부다. 뱃속에 생명이 들어설 때마다 사회와 한 걸음씩 멀어지는 기분이 들었다. 남편이 "나오늘 회식이야"라든지 "야근해야 해. 일이 너무 많아"라고 할 때마다 불편한 감정이 생겼다. 처음엔 혼자 아이를 봐야 하는 고단함 때문인 줄 알았다. 차라리 그랬다면 덜 부끄러웠을지 모른다. 불편함의 정체는 사실, 질투였다. 자신의 업무에서 인정받고 있는 남편에 대한 부러움이었다.

나도 생산적이고 가치 있는 일을 하고 있다고, 생명을 키우는 위대한 일을 하고 있다고 생각하면서도 때때로 마주하는 초라함을 숨기기가 힘들었다. 독서지도사, 보육교사, 유치원 정교사 등 어떻게든 경력 단절을 극복하고 사회로 복귀하는 날을 꿈꾸며 자격증 공부를 했다.

진짜 일을 하려고 했던 건지, 공부를 할 때만큼은 불안함을 감출 수 있어서였던 건지, 아마도 둘 다 이유였겠지만 밤을 새워 공부하고 시험을 보며 위안으로 삼았다. 그랬던 내가 불과 몇 년도 지나지 않아 여러 개의 일을 하며 소소한 수익까지 얻고 있는, 흔히 말하는 N잡러가 되었다.

작가, 강연가, 독서와 글쓰기 등 각종 모임 리더에, 모임을 홍보하고 모객하는 업무까지 수많은 일을 하고 있다. 본업이었던, 아이들을 가르치는 일도 놓치지 않았다. 대충 세어 봐도 대여섯 가지의 사회적인 활동을 하고 있는 나. 일을 하겠다고 마음먹은 것도 아닌데, 하나둘 쌓여 가는 프로젝트들은 어느새 나의 고정 수입이 되었다. 어느 틈에 나에게 '업'이 생긴 것이다.

'그럼 소는 누가 키우나?' 이 옛 유행어처럼, 초라함을 느끼면서도 선뜻 사회 활동을 시작하지 못했던 건 아이들 때문이었다. 아이를 맡아 줄 사람도 없었거니와, 아이를 맡길 마음도 없었던 고집불통 엄마. 마치 나의 모든 생산성을 아이 키우는 것에 올인 한 듯 자발적으로 '소를 키우는' 엄마가 나였다.

그럼 지금은 아이들을 어딘가에 맡기고 있을까? 아니다. 여전히 아이들은 내가 키우고 있다. 그것이 가능한 이유는, 대부분의 나의 일은 아이들이 학교와 어린이집에 가는 시간에 온라인에서 이루어지기 때문이다.

　코로나19가 전 세계를 덮치면서 직장에 다니던 사람들도 일주일에 며칠씩 혹은 격일로 재택근무를 하게 되었다. '집에서는 도저히 일을 할 수 없어. 애들이 한시도 나를 가만두지 않는다고!' 재택근무를 시작한 주변 사람들은 모두 고개를 내저었다. 나도 그즈음 한 권의 책을 썼다. 6개월 동안 세 아이와 24시간을 붙어 있던 집에서 말이다. 책의 핵심 메시지는 '1미터 육아'였다. 엄마와 아이 사이의 1미터, 즉 한 집에 있어도 서로의 공간을 확보해야 한다는 이야기였다.
　코로나19를 염두에 두고 쓴 것은 아니었다. 이미 그 전부터 쓰고 있던 원고였다. 전업 맘으로 세 아이를 키우면서 깨달은 '건강한 거리 두기 육아'에 대한 생각을 풀어낸 육아 에세이였다. 나는 그 책에서 이야기한 대로 여전히 아이들과 함께 있지만, 나의 일을 한다.
　같은 공간에 있지만 없는 것처럼, 서로의 경계를 지켜 주는 것이 아이와 나 사이의 암묵적인 룰이다. 아이들이 놀 때 나도 웬만하면

끼어들지 않고, 아이들도 스스로 할 수 있는 일에 굳이 엄마를 부르지 않는다. 그래서 집에서도 충분히 일을 할 수 있다.

물론 'N잡러 엄마' 타이틀의 숨은 공로자는 남편이다. 가끔 설거지가 산처럼 쌓여 있어도, 정리하지 않은 세탁물이 넘쳐나도, 때때로 주말에 홀로 세 아이를 봐야 해도 아내를 자랑스럽게 봐 주는 남편이 있었기에 가능한 일이다. 여전히 "옵빠~"라고 부르면 대부분 고개를 끄덕여 주는 남편 덕에 나는 수많은 일을 도전하고, 해내고 있다. 가족의 지지와 동의하에 시작된 '엄마의 일'은 차근차근 그 범위를 넓혀 가고 있다.

집에서 아이만 키우던 엄마는 어떻게 경력 단절을 극복하고 일을 시작할 수 있었을까? 아이를 키우면서 어떻게 그렇게 다양한 활동을 할 수 있었을까? 그 답은 모두 'SNS'에 있었다. 블로그에 기록하면서부터 일상은 책이 되었고, 취미 생활은 업(業)이 되었으며, 생각은 강연이 되었다.

가정주부라는 단어에 매몰되지 않고 나를 지키기 위해 시작했던 '기록 습관'은 새로운 엄마의 경력을 만들었다. 나라는 사람의 필터가 곧 돈이 되었다. 여러 사이드 프로젝트로 얻은 적은 수입을 꼬박꼬박 모아 놓은 통장은 어느새 천만 원이 되어 간다.

물론 나는 꼭 돈을 목적으로 SNS 활동을 하라고 말하려는 게 아니다. 그래 봐야 지금 내 수익은 직장 일에 비하면 턱없이 소소하다.

하지만 전업주부, 경력 단절 같은, 어감도 별로인 수식어 뒤에 있던 나라는 존재가 '좋아하는 일'로 스스로의 '가치'를 높이면서 생산성을 낼 수 있는 사람이 되었다는 것이 중요하다. 돈은 +a처럼 따라올 뿐이다.

온라인에 기록을 하는 것만으로도 이런 일이 가능하다고? 나의 경우 그렇다. 평범한 10년차 전업주부가 N잡러의 삶을 살게 된 것은 딱 하나, SNS를 시작했기 때문이다. 지금은 비록 초라하지만 말하는 대로 꿈꾸는 대로 이루어지는 삶을 살아가는 과정을 적어보겠다며 블로그를 시작했다. 물론 의욕만 넘쳐 꾸미기만 하다가 지치기도 했고, 몇 번 허세 가득한 글을 쓰다가 한동안 접속조차 하지 않았던 때도 있다.

아직도 기억나는 것은 '키친 테이블 노블'이라는 카테고리다. 김애리 작가의 『여자에게 공부가 필요할 때』라는 책을 읽고, 나도 늦은 밤 식탁 위에서 소설을 쓰는 기분으로 블로그를 쓰겠다며 카테고리를 만들었다. 분명 김애리 작가는 책에서 공부를 하라는 메시지를 줬는데, 나는 '키친 테이블 노블'이라는, 있어 보이는 명칭에만 꽂혔다. '나 책 좀 읽었다' 느낌 가득한 카테고리에는 단 두 개의 글만 올리고 몇 년 동안 방치했다.

그럼에도 다시 시작했다. 멈추고 멈췄지만 또 시작했다. 세 아이 엄마인 나의 이야기를 블로그에, 인스타그램에 하나씩 꺼내 놓았다. 서툴지만 즐거운 취미 생활을 기록했고, 틈틈이 읽은 책에 대해 약간의 감상이라도 끼적였으며, 불안하거나 두려운 날들의 마음을 털어놓았고, 조금이라도 변화해 보고자 시도했던 습관을 남겼다. 그저 꿈틀거림이랄까, 뭐 하나 대단한 게 아니었다.

내가 무엇을 좋아하는지, 어느 분야에 관심이 있는지, 어떤 강점이 있는지 지속적으로 기록하면 알 수 있다. 그것은 내가 모르고 있던 나를 들여다보는 계기가 된다.

내가 그랬다. 누구나 세상에 '나의 기록'을 할 필요가 있지만, 특히 누구보다 사회적으로 고립되었다고 느끼는 엄마들이, 지금 당장 일을 시작하지 못하는 환경에 놓여 있는 사람들이 SNS를 하면 좋겠다. 하지 말아야 할 이유가 많더라도, 해야만 하는 이유를 찾았으면 좋겠다.

　나의 오랜 친구들 중에 블로그 활동을 열심히 하는 친구가 있다. 하루도 빠지지 않고 여행과 일상의 기록을 올리는 친구에게 그거 왜 그렇게 열심히 하는 거냐고 물었다. 친구는 "잊지 않기 위해서" 라고 말했다. 친구는 살면서 지루해질 수도 있는 자신의 일상을 성실히 기록하는 것으로 붙잡았다.

　친구와 나는 중학교 시절부터 교환 일기를 썼다. 꽤 오랜 시간 함께 썼던 그 일기장에는 당시의 시시콜콜한 이야기가 가득 담겨 있었다. 일기장은 사라졌지만 우리에게 일어났던 그때의 감정은 지금도 그림 그리듯 기억난다. 그 이유는 기억을 한 번 더 붙잡아서

'기록'했기 때문이다. 우리가 오랜만에 만나도 어제 있었던 일처럼 이야기할 수 있는 힘이 여기에 있다. 그리고 내 친구는 그 기록의 과정을 20년이 지난 지금까지도 꾸준히 해 나가고 있었다.

그렇다면 나도 인생의 파도를 타는 지금 이 순간을 그냥 스쳐 가게 내버려 두지 말고 기록으로 남길 수 있지 않을까? 모유 수유를 하는 아직 어린 아기, 그리고 세 아이 육아. 누군가 도와주지 않으면 두 발이 있으나 어디도 가지 못하고, 지인들도 쉽게 찾아오지 않는 산속. 내가 스스로 이곳으로 왔음에도, 용기 있는 선택이었다고 기뻐했음에도 손발이 꽁꽁 묶여 있는 것 같은 고립감. 이런 환경에 주저앉지 말고 뭐라도 하자 했다. 언젠가 '왜 너는 그렇게 살게 됐니?'라고 누군가 물었을 때 대답할 수 있도록.

비록 몸은 집이라는 한정된 공간에 매여 있지만, 내 한계를 핑계 삼아 계속 자책만 하느니 지금 이 자리에서 내가 할 수 있는 일을 뭐라도 하고 싶었다. 그것이 온라인에 글을 쓰는 일이었다. 그 정도는 얼마든지 할 수 있었다.

SNS는 보통 대중적인 취향을 가진 인기인이나 그도 아니면 아예 특별한 사람들이 잘할 거라는 편견이 있다. 과시하기 좋아하고, 소위 '척'하기를 좋아하는 사람들이 사용하는 도구라고 생각하기도 한다. 우리가 SNS를 통해 그런 사람들의 삶을 동경하고, 때로는 괜한 화풀이를 하며 살고 있기 때문은 아닐까?

나는 드러내는 것보다 숨어 있는 것을 좋아하고, 대중적이기보다는 마이너 성향을 가진 사람이다. 이벤트 같은 날보다는 사소하고 평범한 날이 더 많을뿐더러 사람들에게 주목을 받았던 경험도 없다. 그런 내가 SNS를 하는 것이 가당키나 할까?

그러나 내가 경험해 보니 상황적인 제약이 많은 엄마들에게 SNS는 절대적으로 도움이 되는 수단이었다. 엄마들은 대부분 자유롭게 외출할 수 없고, 아이가 어린이집이나 학교에 가는 잠깐의 시간 동안 할 수 있는 일을 구하기도 쉽지 않다. 더구나 본인을 위해 쓸 수 있는 돈도 그리 많지 않은 엄마들이 집에서 돈 안 들이고 할 수 있는 게 SNS다.

내가 생각하는 SNS는 현실에서 때때로 '한계'를 느끼는 사람들에게 필요한 도구다. 여기서 말하는 한계란 시간과 공간의 한계 혹은 성격적인 한계일 수도 있다. 사람은 환경의 제약이 많을수록 쉽사리 주저앉게 된다. '할 수 없음'에 지레 포기하고 만다.

그런데 온라인은 한계가 없다. 시간이 없어도, 자유롭게 움직일 수 없어도 그저 컴퓨터나 스마트폰 하나만 있으면 어디서든 시작할 수 있다. 그래서 누구나 할 수 있다.

SNS로 무엇을 할 수 있는지는 나중 문제다. '무엇이든 할 수 있다'는 것이 더 중요하다.

내가 아는 지인은 영국에서 1년 살이를 하는 동안 블로그를 시작했다. 큰 꿈을 품고 가족과 함께 영국에 갔지만 그녀에게는 아직 어린 아기 둘이 있었다. 남편이 학업에 매진하는 동안 그녀는 아이 둘과 영국 생활을 이어 갔다. 평소 SNS라는 것에 관심도 없던 그녀가 한국을 훌쩍 떠나 자유를 찾아 간 영국에서 도리어 사람이 그리워 블로그를 시작했다.

그녀는 블로그에 자신의 영국 생활을 하나하나 올리기 시작했다. 아주 소소한 식재료 정보부터 그 나라에서 관계 맺는 일, 학교나 키즈 카페 정보까지 아이들과 영국에 가야 하는 사람이라면 도움이 될 만한 '꿀팁'이 가득한 육아 일상을 담아 올렸다. 그녀는 이런 소소한 이야기를 올릴 때 어떤 목적이 있었을까? 원대한 꿈이 있었을까? 아니다. 그저 자신의 쓸모를 찾기 위한 방법을 모색하고자 뭐라도 하고자 하는 마음이었다. 그녀의 이야기는 한국에 돌아오자마자 책이 되었다.

나도 마찬가지다. 어느 날 갑자기 기타를 배운다고 가야금 뜯는 소리를 내는 기타 영상을 올리기도 하고, 아이 수유하면서 틈틈이 읽은 책의 서평을 남기기도 하고, 육아 혹은 교육에 대한 소신이 담긴 글들을 올리기도 했다. 거창한 목표가 있어서가 아니다. 할 수 있는 일이 없어서 그랬다. 이런 기록이 전부 나라는 사람의 스토리가 되었고, 내 이야기도 한 권의 책이 되었다.

혼자만의 공간에서, 자신만의 방법으로 '나'를 드러낼 수 있는 세상이 되었다. SNS 덕분이다.

SNS는 누구는 글로, 누구는 음악으로, 누구는 그림으로 자기를 표현할 수 있고, 취향이 비슷한 사람끼리 공감대를 형성하며 소통할 수 있는 공간이다.

나에겐 너무나 평범하고 당연한 일상이지만 누군가에겐 그렇지 않다는 것을 '기록 생활'을 시작하며 깨달았다. 나에게는 별것 아닌 쉬운 일이 누군가에게는 찾아보고 끙끙거리며 해야 하는 힘든 일일 수 있다는 것도 알았다. 내가 올리는 작은 기록이 누군가에게 공감이 되고, 도움이 될 수 있다. 이런 일들이 온라인 세상에서는 비일비재하게 일어나고 있다.

나는 그러니 SNS를 시작하라고 말한다. 아주 쉽게 생산의 경험을 할 수 있게 해 주는 공간이 온라인이다. 작은 성취를 쌓다 보면 사라졌던 자존감도 함께 쌓여 나간다. 온라인은 필요악이 아니라 '기회의 땅'이다.

SNS를 가로막는
다섯 가지

마치 다단계 영업을 하는 사람처럼 나는 만나는 엄마들에게 SNS를 하라고 이야기한다. 이렇게 다양한 기회를 얻을 수 있는 세상에 들어와 보라고 자꾸만 권하게 된다. 이제 나의 인맥은 오프라인보다 온라인이 더 많고, 친분도 온라인 쪽이 더 두텁다. SNS가 워낙 활성화되다 보니 요즘은 '이런 나처럼 모두 온라인 세상에 집 하나쯤 짓고 살고 있는 것 아닌가' 하고 스스로 착각을 할 때도 있지만, 여전히 이 세계에 눈 감고 귀 닫고 사는 사람이 많다.

이 책을 쓰게 된 것도 이런 사람들에게 도움이 되고 싶어서다. 경력 단절에 대한 엄마들의 막연한 불안함을 잠재울 만한 해답도, 그들의 다재다능함을 마음껏 표현할 수 있는 공간도 온라인에 존재한다. 어른이 될수록 해 보지 않았던 일을 시도하는 것에 두려움을 갖고 필요 이상으로 방어막을 치기도 한다. 그럼에도 잠깐의 시도만으로 지금보다 만족스러운 삶을 살 수 있다면, 그럴 가능성이 조금이라도 있다면 도전할 만한 가치가 있지 않을까.

사람들이 말하는 SNS를 가로막는 이유를 분류해 보니 다섯 가지였다. 이것들 중에는 나를 멈추게 했던 이유도 있고, 전혀 문제가 되지 않았던 이유도 있다. 사람마다 다를 것이다. 내가 SNS 모임을 통해 실제로 만난 사람들 중에 이 다섯 가지 이유를 하나씩 뛰어넘었던 이들이 있다. 그들의 이야기를 들려주고 싶다.

• "나는 기계치야. 난 컴퓨터와 친하지 않아" •

이 일 저 일에 관심도 많고 참견도 많이 하는 사람을 가리켜 흔히 오지랖이 넓다고 하는데, 그런 면에서 나는 오지랖이 없는 편이다. 선을 넘는 참견을 하는 사람들을 불편해 하기도 한다. 그런 내가 유일하게 사람들에게 부리는 오지랖이 "블로그 시작하세요", "인스타그램 시작하세요"라는 말이다. 나는 여기서 더 나아가 이렇게 책까지 쓸 정도로 오지랖을 부리고 있다.

그런데 이 오지랖을 떨기가 쉽지 않은 부류가 있다. "나는 기계치야. 컴퓨터 같은 거 전혀 할 줄 모르잖아"라고 말하는 이들이다. SNS는 스마트폰의 기본적인 기능만 쓸 수 있어도, 카카오톡만 할 수 있어도 누구나 쉽게 시작할 수 있다. "나는 기계치라 그런 거 못 해(안 해)"라고 스스로에게 그어 놓은 한계선을 살짝 지워 보자. 하려고만 한다면 누구나 할 수 있다.

50대의 패턴 디자이너 한 분이 블로그 수업에 오셨다. 블로그 세상에는 워낙 뛰어난 강사가 많은데 굳이 강사도 아닌 나의 모임에 오셔서 사람 좋은 미소를 지으셨다. 나이도 한참 어린 나에게 그저 배우겠다는 마음으로 같은 수업을 여러 번 반복하여 들으면서 낯설고 생소한 SNS 플랫폼을 벽돌 하나하나 깨 나가듯이 알아 가기 시작하셨다.

그녀는 새로운 시도를 겁내지 않고 할 수 있었다. 오랜 세월 도전하는 삶을 살아왔기 때문에 SNS도 장애가 되지 않았던 것이다. 이번에도 새로운 브랜드를 론칭하여 오프라인과 온라인 사업장을 동시에 열면서 마케팅이 필요했던 그녀는 주저 없이 새로운 툴을 배우러 왔다. 꽤 신랄한 피드백도 적절히 받아들이며 자기만의 색깔을 만들어 갔다. 그녀를 보면서 깨달았다. 기계치라는 말은 그저 핑계구나. 기계치라는 말은 '필요 없다'는 말과 동의어구나.

니는 누군가에게 나의 색깔이 정답이라고 말하지 않는다. 그래서 어떤 분야의 강사라는 타이틀을 갖는 것도 싫다. 나는 그저 내가 직접 부딪치며 배운 것들을 사람들과 나누고 싶을 뿐이다. 내가 무엇을 알려 주든 각자의 '경험치'에 따라 가지고 가는 것은 다르고, 시행착오를 하며 자기만의 방법으로 구현해 내는 것이라고 생각한다. 시간이 지나면 서서히 자기만의 색깔이 나타난다. 그때까지 꾸준히 나의 것을 쌓아 가는 진득함이 필요하다. 그 시간을 기다리지 못하고, 누군가를 복사하듯 수동적으로 하다 보면 결국 온라인 세계에서도 계속 끌려가는 삶을 살게 된다.

그녀는 창업, 디자인 분야의 블로그를 만들어 가고 있다. 온라인 진입을 위한 허들이 있었을 뿐, 그녀는 원래 그 분야의 전문가였다. 그녀가 SNS라는 날개를 달고, 오프라인을 넘어 온라인에서도 자신의 능력을 적극 펼치기를 기대한다.

스스로 한계를 두지 말자. 앞에서 말한 이는 그것을 삶으로 보여 주는 분이다. 낯선 것 앞에서 주춤할 수는 있지만, 자신의 가능성만큼은 외면하지 말자.

• "나는 관종이 아니야" •

'관종'은 관심을 받고 싶어 하는 욕구가 지나치게 높은 병적인 상태를 의미한다. 타인의 관심을 끌기 위해 애쓰는 사람을 비하하는 말로 사용되기도 한다. 나는 내가 쓰는 글, 내가 부르는 노래, 나의 요즘 생각 그리고 책을 읽으면서 나누고 싶은 문장들을 블로그나 인스타그램에 공유한다. 그런 면에서 내 '관종력'은 상당하다. 그게 나쁜가?

강남 어느 곳에서 북 토크를 하고 있는데 모델처럼 생긴 여자가 다소곳이 들어와 한 귀퉁이에 앉았다. 기타 치는 영상을 SNS에 올리면서 생각지 못한 여러 기회가 생겼다는 나의 이야기를 한참 도도한 얼굴로 듣던 여자는 대뜸 "전 유명해지고 싶지 않아요"라고 말했다. 본인은 유명해지고 싶지 않아서 SNS를 하지 않는다고 했다. 그래서 내가 말했다.

"아무리 열심히 해도 유명해지는 건 힘들어요. 사람들이 생각보다 나에게 관심이 없거든요."

내심 내 말에 기분이 상하지 않았을까 걱정하던 찰나, 그녀는 갑자기 자신의 과거 이야기를 꺼냈다. 대학 시절, 한 방송 프로그램에 코믹한 콘셉트로 잠시 출연했다가 너무 큰 관심을 받으면서 심하

게 움츠러들었다는 이야기였다. 그다음 날 그녀는 내가 하는 블로
그 수업에 찾아왔다. SNS는 관종만 하는 거라고 치부하던 그녀는
그렇게 SNS 세계에 발을 들였다.

그녀는 본래 화려한 사람이었다. 잠깐의 방송으로 생활이 곤란해
질 정도였다는 이야기는 그 당시 방송의 위력을 보여 주는 것이기
도 하지만, 그녀가 그만큼 눈에 띄는 사람이라는 방증이기도 했다.
어떻게 하는지도 모르면서 감각적으로 사진을 찍어 올리던 그녀는
SNS에 관심 분야를 드러내면서 아주 빠르게 팔로워를 모아 갔다.
어느 날, 그녀가 "내가 사실은 유명해지고 싶었나 보다"라는 이야기
를 했다. 모델이 되고 싶다고 하더니 모델 대회 본선 진출까지 했다.

만약 그녀가 '관심병'이라는 불편하고 불쾌한 시선으로 SNS를
바라봤다면 진짜 내면의 욕구를 알아차리기 힘들었을 것이다. 피
하기만 했던 불편함을 직면하고 나니 가려져 있던 욕망이 드러났
다. 사람들이 무언가를 비하하는 것을 보면 대개 자신의 욕구를 실
현하지 못했다는 패배감이 섞여 있다. 그런 것에 지지 않길 바란다.

나도 내 안의 누군가가 매일 이야기한다.

'노래도 잘 못하면서 왜 영상을 올려?'

'책 한 권 썼다고 작가랍시고 왜 자꾸 글을 올려?'

'아, 관종이네 관종이야.'

그때마다 대답한다.

"나도 알아! 그런데 그게 무슨 상관이야? 나만 좋으면 됐지!"

관종이어서가 아니라, 나를 너무 사랑하기 때문이다. 누군가에게 잘 보이기 위해서가 아니라, 자기만족이다. 중심은 나다.

• "그거 아니어도 충분히 바빠" •

SNS를 권유하면 대번에 나오는 말이 무얼까? "바쁘다"이다. 왜 바쁜지, 무슨 일로 바쁜지 세세하게 알지는 못하지만 모두 각자의 이유가 있다. 어쨌든 '일이 많아서 딴 일 할 겨를이 없다', '한 가지 일에만 매달려 딴 거 할 겨를이 없다' 이런 뜻이다. 한마디로 SNS를 할 여유가 없다는 소리다.

평균적으로 SNS를 하는 데 걸리는 시간은 어느 정도 될까? 완벽을 요하는 사람들은 한참 더 시간이 걸리기도 하지만, 조금만 익숙해지면 인스타그램은 10분, 블로그도 한 시간 정도면 쓸 수 있다. 그런데 하루 중 이 시간도 내지 못하는 이유가 뭘까? 그 시간을 써야 할 이유 자체가 없기 때문이다.

그녀는 두 아이를 키우는 워킹 맘이다. 그녀가 터울이 많이 나는 둘째를 낳고 육아휴직을 하던 시기에 우리는 만났다. 1년 남짓한 시간, 그녀와 나는 여러 번 독서 모임에서 마주쳤다. 그러던 중 그녀는 복직을 했고 얼마 되지 않아 퇴사하고 싶다는 이야기를 했다. 그동안 회사가 나인 줄 알고 살았다면서.

간혹 마주칠 때마다 그 이야기를 했지만 딱히 다른 움직임은 보이지 않았다. 그러다 그녀가 블로그 수업에 왔다. 회사 일 하랴, 아이 돌보랴 바빴던 그녀는 일주일에 두 개의 포스팅을 하는 것도 버거워 했다. 그런데 승진에서 밀리고 젊은 사람들에게 치이는 고달픈 회사 생활을 버텨 내면서도 그녀는 SNS를 놓지 않았다. 학교에서 내 주는 숙제처럼 어떻게든 해야 했고, 정해진 양을 채우지 못했을 때는 벌금도 내면서 그렇게 6개월 이상을 지속했다.

어느 순간, 그녀는 다른 이야기를 하기 시작했다. 퇴사 준비생이라는 이름으로 퇴사를 준비할 때 필요한 책을 읽는 모임을 꾸리고, 그 마음을 브런치에 쓰기 시작했다. 꾸역꾸역 기록을 해 나가는 동안 그녀와 비슷한 어려움을 겪는 엄마들이 한 명 한 명 그녀 곁에 모였다. 그녀의 프로젝트에 반응이 오기 시작한 것이다. 그녀의 애쓱이 세상과 교집합을 이룬 순간이었다.

누구나 나름의 바쁨이 있다. 중요한 건 우선순위가 아닐까. 일상이 뭉뚱그려 있을 때는 무엇이 내 삶의 우선순위인지 알 수가 없다. 그저 불필요한 바쁨 안에 나를 넣어 두고 있는 건지도 모른다. 그녀가 바쁘지만 SNS를 놓지 않았던 것은 그녀의 우선순위에 회사보다 퇴사가 먼저였기 때문이다.

버릇처럼 바쁘다고 얘기하는 사람은 자신의 일과를 한번 주르륵 펼쳐 보았으면 좋겠다. 내가 시간을 어떻게 쓰고 있는지, 쓸데없는 일에 시간을 낭비하고 있지는 않은지 살펴보기 위해서다. 그런 시간을 하나씩 소거하다 보면 그 사이사이 빈 공간을 발견할 수 있을 것이다.

무엇부터 시작해야 할지 모르겠다는 사람들에게 인스타그램을 권유하는 이유도 여기에 있다. 10분 정도 아주 짧은 시간 동안 하는 나의 기록이 언젠가 필요한 시기에 내게 힘이 되는 순간이 분명히 올 테니 말이다. 그러니 아무리 바빠도 오늘의 10분을 미래의 어느 날을 위해 저축해 보면 어떨까.

· "늘 똑같은 일상을 살아서" ·

아침에 일어나 분주하게 아이들을 학교에 보낸다. 숨 좀 돌리고 집안일을 시작한다. 설거지, 빨래, 청소, 해도 해도 끝이 없는 일을 붙들고 있다가 소파에 잠시 드러눕는다. 어느새 아이가 돌아올 시간이 되었다. 간식 먹이고 학원 픽업을 갔다 와서 저녁을 준비한다. 숙제 좀 봐 주고 씻기고 재운다.

이제 조금 내 시간이 남았다. 넷플릭스 한 편으로 하루의 노곤함을 흘려보낸다. 내일은 청소하지 말고 옆집 언니와 커피나 한잔해야겠다고 생각하면서 잠이 든다.

보통 주부의 하루 일과 아닐까. 이런 주부들에게 SNS를 하라고 하면 '나는 진짜 SNS에 올릴 게 없는데?' 의아해 하는 눈으로 나를 쳐다본다. 매일 똑같은 일상을 사는 내가 대체 무엇을 할 수 있겠냐는 식이다.

그녀는 나처럼 도시 생활을 하다가 몇 해 전 제주로 이주를 했다. 그녀가 이웃 농가의 한라봉을 팔아 주겠다고 인스타그램에 잠깐 홍보를 했을 때 우리의 인연이 시작되었다. "저는 아직도 뭘 올려야 할지 모르겠어요"라고 말하는 그녀에게 "제주도에 사는 것 자체가 콘텐츠인데 왜 고민해요?"라고 말한 적이 있다.

나는 남한산성에 살고 있다. 처음 1년은 이곳에서의 삶이 굉장히 특별하다고 느껴졌지만, 시간이 갈수록 그저 그런 일상이 되었다. 매일 아침 문을 열고 나가면 보이는 잣나무 숲도, 창문을 열면 느껴지는 향긋한 바람도 이제는 너무 익숙하다. 그런데 이곳에 오는 사람마다 서울과 가까운 곳에 이런 숨겨진 '힐링 숲'이 있냐며 감탄한다. 그 이야기를 듣고 둘러봤더니 내가 매일 봐서 평범한 그 풍경이 누군가에게는 주말 하루 온전히 누리고 싶은 쉼의 장소라는 것을 깨닫게 되었다.

매일 숨 쉬는 곳이라 나에게는 특별하지 않은 일상이 누군가에게는 궁금증과 호기심의 대상이 될 수 있음을 알게 된 것처럼, 그녀도 마찬가지였다. 그녀 역시 익숙하게 느껴지던 자신의 일상을 통해서 내가 지금 '숲에서 글 쓰고 노래하는'이라는 수식어를 갖게 된 것처럼 남과 다른 자신만의 수식어 하나를 찾을 수 있을 것이다. 꼭 사는 지역뿐만이 아니다.

내게는 쉬운 일이 누군가에게는 궁금한 것일 수도 있음을 알아차렸으면 좋겠다. 매일 반복되고 있다고 말하지만, 누구나 자신만의 독특한 삶을 살고 있다.

하다못해 내가 아이를 바라보는 태도 또한 다를 수 있다. 집에서

식물 키우는 것을 좋아하는 사람일 수도 있고, 자기만의 손쉬운 정리법이 있을 수도 있고, 스타벅스에서 매일 커피를 마실 수도 있다. 그런 것들과 연관된 기록을 하나씩 올리다 보면 어느새 자신도 몰랐던 자기만의 무언가를 찾게 될지도 모른다.

특별함에 집착하기보다는 나의 일상이 어떠한가를 들여다보는 일이 우선이다. 어쩌면 나를 가장 모르는 건 나일 수 있다. 오늘부터 나의 일상을 찬찬히 바라보고 기록해 보자. 물론 이건 빠른 성과를 바라는 사람은 할 수 없는 과정이다.

• "그건 시간 낭비잖아" •

이 모든 장벽을 극복하고 온라인에 접속해도 마지막 난관에 부딪힌다.

'뭐야 이거, 결국 시간 낭비잖아.'

실제로 SNS와 시간은 떼려야 뗄 수 없는 관계다. 예전에는 텔레비전이 시간을 잡아먹는 것 중 하나였다면 이제는 스마트폰, 특히 SNS가 그 불명예를 차지하고 있다. 사실 '시간 낭비', 맞는 말이다. 인스타그램을 열었다가 한두 시간이 훌쩍 흘렀다는 이야기를 너무

나 많이 들었으니까.

나도 초반엔 손에서 스마트폰을 내려놓지 못했다. 처음엔 다른 사람은 어떻게 하고 있나 궁금해서, 그다음엔 내가 올린 글에 대한 반응을 자꾸 확인하려는 마음 때문에, 마지막으로는 SNS도 품앗이라 나에게 온 사람들에게 일일이 반응해 주기 위해서 발을 빼지 못했다.

물론, 벤치마킹을 위해 다른 사람의 삶을 관찰하는 것이 도움이 될 때가 있다. 자극이 될 때도 있고, 영감이 될 때도 있으니까. 그러나 대부분의 경우 다른 이들의 SNS는 질투 혹은 선망의 대상이 되기 쉽다. 이건 사람의 본성 때문 아닐까.

『인스타 브레인』의 저자 안데르스 한센은 말한다.

"다른 사람의 사진을 보기만 하고 자기 사진은 올리지 않거나 댓글 등을 통해 소통하지 않는 수동적인 사용자는 적극적인 사용자보다 의기소침해지는 경향이 있다."

사실이다. 연예인처럼 우리와 전혀 관련이 없다고 생각되는 이가 아닌, 주위에서 흔히 만날 수 있는 사람의 일상일수록 우리를 더

우울하게 할 수 있다. 그래서 나는 컨디션이 좋지 않을 때는 의도적으로 다른 사람의 SNS를 보지 않는다. 그게 지금의 감정을 극복하는 데 하등 도움이 되지 않음을 잘 알기 때문이다.

축하할 일에 축하하고, 슬퍼할 일에 슬퍼할 수 있는 건강한 마음일 때만 찾아보는 편이다. 재밌는 것은 그렇게 몸과 마음이 건강한 상태일 때는 SNS를 붙잡고 시간을 축내고 있을 일이 별로 없다는 것이다. 내 삶에 에너지를 쓰는 것만으로도 시간이 모자라기 때문이다. 지금 내 마음이 누군가의 SNS 때문에 불편하다면 그 원인을 나 자신에게서 찾아보자.

내 글의 반응을 보고 싶어서 스마트폰을 들고 있는 것은 SNS를 막 시작한 사람들이 많이 하는 행동이다. 생각보다 반응이 빨리 오지 않으면 언제 반응이 오나 살피느라, 혹은 반응이 크게 왔다면 거기에 댓글을 다느라 시간을 한참 쏟아붓는다.

그래서 나는 푸시 알람을 해 두지 않는다. 의도적으로 관심 버튼을 끄는 것이다. 반응이 있든 없든 한참 후에 확인하는 것이 정신건강에 이롭다. 물론 바로바로 반응해 주면 상대와 좀 더 친밀해질수 있겠지만, SNS를 단기간만 열심히 하고 그만둘 생각이 아니라면 자신만의 현명한 사용법을 찾는 것이 좋다.

아마도 온라인 활동을 하지 않는 사람이라면, 혹은 시작했어도 금방 포기해 버린 사람이라면 위 다섯 가지 이유 중 어느 하나 또는 여러 개의 경우에 해당될 것이다.

나 역시 겉으로는 잘하고 있는 듯 보이지만 여기 적은 다섯 가지 이유 여기저기에서 고민했고, 여전히 고민하고 있다. 그러나 고민이 된다고 쉽게 포기하고 멈춰 버렸다면 지금처럼 내가 좋아하는 일을 마음껏 시도할 수 없었을 것이다. 어디서든 서슴없이 나를 드러내는 일을 못했을 테고, 여전히 세 아이의 엄마라는 타이틀 안에 나를 가두고 있었을 것이다.

SNS 앞에 벽이 높아도 해야만 하는 이유, 하고 싶어지는 동기를 적극적으로 찾았으면 좋겠다.

구구절절 이야기를 한 것도 그 때문이다. 자신과 비슷한 상황을 극복해 나간 사람들의 이야기에 귀를 기울이고 '아 맞아, 나도 그랬지' 공감하면서 자극을 받았으면 좋겠다. 그들의 이유, 그들의 동기를 살펴보면서 말이다. 결국, SNS를 할 이유와 동기를 찾는 것은 각자의 몫이다.

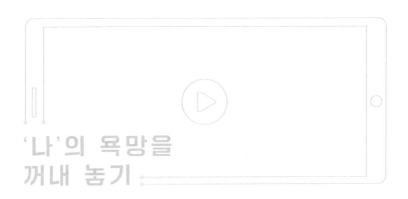

'나'의 욕망을
꺼내 놓기

온라인 독서 모임에서 만난 사람이 있다. 독서 모임이 진행되는 몇 개월 동안 그녀는 한참을 자신을 드러내지 않았다. 모니터 너머로 고개를 끄덕이는 모습을 보고 '아, 듣고 있구나' 생각할 만큼 정적인 사람이었다.

다만 그녀는 독서 모임이 끝나고 나면 아주 길고 긴 서평을 썼다. 그 안에는 자기만의 뚜렷한 통찰이 가득 담겨 있었다. 어느 정도 시간이 지나 서로가 서로에게 조금 익숙해졌다고 느껴진 뒤부터 그녀가 입을 열기 시작했다. 서평만큼이나 똑 부러지는 말투로 자신의 생각을 전달하는 그녀는 구독자 수 2천 명이 넘는 유튜버였다.

그녀는 사람들과 어울리기보다 집에 머무는 것을 즐기고, 아파트에서 조그맣게 텃밭을 가꾸는 취미가 있는 사람이었다. 그녀는 아이들과 텃밭을 가꾸는 영상을 꾸준하게 올리며 자기만의 방식으로 세상과 소통하다가 최근에는 공영방송에도 출연했다.

궁금했다. 그렇게 내성적으로 보이는 그녀가 SNS를 하는 이유가. 그녀는 "불안해서"였다고 말했다. 직장을 그만두고 집에만 있는 불안, 사회로 돌아갈 수 없다는 불안, 소득이 없다는 불안. 그 불안이 그녀를 계속 가라앉게 했다.

내가 할 수 있는 걸 해 보자며 자기 안의 욕망을 꺼내는 시도를 했던 그녀. 얼마 전부터 유튜브에서 수익이 발생했다는 이야기를 하며 미소 짓는 그녀의 얼굴에서는 빛이 났다.

그녀가 이렇게 온라인 세상에서 활발하게 활동하고 있는지 주변 사람 누구도 모른다. 옆집 엄마도 모른다. 아이를 키우면서 자신이 좋아하는 일을 가장 안전하다고 느끼는 공간에서 마음껏 드러내는 것이 비단 그녀뿐일까.

집 안에서 대부분의 시간을 보내며 아이를 키우는 데 거의 올인하다시피 하는 엄마들이 필연적으로 느끼는 감정은 '불안'이다.

직장을 다니다가 그만두는 것보다 아이를 키우다가 다시 직장으로 가는 것이 더 어렵다. 경력 단절로 직업을 구하는 것 자체가 힘들기도 하지만, 육아에서 갑자기 손을 떼는 것도 쉬운 일이 아니기 때문이다.

나 자신이 아닌 누구누구의 엄마라는 사회적 가면은 어느새 진짜 내 모습이 된다. 즉 가면인지 아닌지 구분할 수 없을 만큼 나 자신과 동일시된다. 그 안에서 엄마가 아닌 개인의 욕망은 양심을 찌르는 일이 된다.

'애 잘 키워 보겠다고 직장도 그만뒀으면서 이제 와서 무슨 변덕이야?'

다른 사람들의 말은 그만두고라도, 내 안의 소리에 스스로 숨이 막힐 지경이다. 무엇이 되고 싶다는 마음은 한편에 접어 두고 어서 아이가 크기만을 넋 놓고 바라보게 된다.

할 수 있는 일이 별로 없는 엄마는 시간제 알바를 기웃거리기도 해 본다. 짧은 시간 움직이는 건데도 아이의 등·하원 시간이나 병치레 같은 것으로 그조차 쉬운 일이 아님을 깨닫고 절망한다.

무료한 시간을 구원해 줄 동네 엄마들이라도 만나 속이라도 풀까 하면 주변의 눈초리가 따갑다. 집에서 노는 주제에 아이들은 어린이집에 보내 놓고 남편이 벌어다 주는 돈으로 커피나 마시는, 생각 없는 여편네가 되기 십상이다. 티 나지 않는 집안일을 하다 보면 금세 아이가 돌아와 이전 상태로 원상 복구를 해 놓는다.

엄마의 욕망은 하루에도 수십 번씩 얼굴을 바꾼 장애물에 걸려 넘어진다. 엄마를 주저앉히는 건 결국 무력감이다. 내 손과 발로 아무것도 할 수 없음을 깨닫게 되는 과정이다.

그런 현실의 굴레 앞에서 엄마들이 선택할 수 있는 일이 몇이나 될까. 스스로도 계속 자존감이 떨어지는 상황에서 주위의 시선 또한 녹록지 않다. 엄마의 가면을 벗어 버리겠다고 말할 용기도 없는데, 어쩌면 좋을까.

아이 교육 때문에 산에 올라와 살고 있는 나의 이미지는 전형적인, 헌신적이고 희생적인 엄마다. 숲에서 세 자매를 키우는 사랑 많고 따뜻한 엄마. 아이들을 위해 불편함을 감수하고 자신의 욕망을 억누른 엄마.

그러나 사실은 그 반대다. 오롯이 내 욕망에 충실하기 위해 나는 아이들의 의견은 묻지도 않고 이곳으로 왔다. 남편과 꿈꾸던 삶을 살기 위해서, 아이들도 좀 더 욕망에 충실하게 살았으면 좋겠다는 바람을 삶으로 보여 주기 위해서. 그래서 내가 이전에 쓴 에세이집『우리는 숲에서 살고 있습니다』에서도 나는 좋은 엄마의 육아법을 쓰지 않았다. 아이로부터 한 걸음 떨어져서 내 삶을 바라보자고 했다.

욕망, 나는 욕망이라는 단어를 좋아한다. 욕망의 사전적 정의는 '부족을 느껴 무엇을 가지거나 누리고자 탐함 또는 그런 마음'이다. 욕심과 비슷한 의미로 쓰인다. 하지만 나는 욕망을 그런 저차원적인 단어로 사용하고 싶지 않다.

욕망은 '꿈'과 같은 말이다. 내가 원하는 것에 대한 갈망, 내가 바라는 삶에 대한 간절함, 내가 이루고 싶은 꿈을 실현하고 싶은 마음. 그 마음을 욕망이라고 부른다. 스피노자도 말했다. "나는 욕망한다. 그러므로 나는 존재한다."

내가 숲으로 온 것도, 이런 삶을 선택한 것도 그런 욕망에 기인한다. 나의 욕망은 '자유'다. 선택의 자유, 행동의 자유, 시선의 자유. 내가 원하는 삶을 나만의 방식으로 살아 내고 싶다.

내가 이런 이야기를 슬쩍 비치면 누군가는 이렇게 말한다.

"그러게 누가 애를 셋이나 낳으랬어?"

아이가 하나든 둘이든 자유로운 것과는 관계가 없다는 걸 모르고 하는 말일까? 어쨌든 이건 모두 나의 선택이다. 아무도 나에게 전업주부가 되라고 강요하지 않았고, 아이를 많이 낳으라고 하지도 않았다. 그런데 나조차도 '그래서 나는 무엇도 할 수 없다'고 단정 지었다. SNS를 하기 전까지는.

SNS는 내가 원하는 대로 삶을 살 수 있도록 만들어 준다. 오롯이 '나의 기준'에 따라 선택한 것들을 '나의 시선'으로 필터링 하여 '나의 생각'을 고스란히 담아 표현할 수 있게 해 준다.

욕망을 표출하는 곳, 나에게 SNS란 그런 곳이다. 현실 속 평범한 엄마가 SNS 세상에서 노래를 하고 글을 쓴다. 나를 평가하는 시선이 많은 곳이었다면 과연 내가 그렇게 자유롭게 하고 싶은 것들을 할 수 있었을까? 꼴불견이라는 눈초리를 이겨 낼 수 있었을까? 감히 시도조차 하지 않았을 것이다.

쌍방향인 듯 보이지만 일방향이기도 한 SNS, 시선이 보이지 않는 자유로운 공간에서 나는 마음껏 놀고 있다. 누가 얼토당토않다고, 그게 가능한 일이냐고 비웃어도 괜찮다. 그 욕망은 그들의 것이 아니라 나의 것이니까. 내가 소망하고 내가 이룰 나만의 것이니까. 그러니 이곳에서는 엄마의 가면을 잠시 내려놓고 다른 가면을 하나 써 본다. 엄마의 불안은 잠시 미뤄 두고, 자유롭고 싶은 내면의 자아를 꺼내 놓는다.

사람들의 욕망이 가득한 곳, SNS는 그런 곳이다. 나의 욕망과 타인의 욕망이 뒤섞인 곳. 그러니 다른 사람의 SNS를 보며 부러워하는 것은 어찌 보면 굉장히 어리석은 일이다. 나의 욕망이 내 전부가 아닌 것처럼 타인의 욕망도 타인의 전부가 아니다. 그것을 알고 진입하는 것과 모르고 진입하는 것은 다르다. 누군가의 피드를 보며 부러워할 시간에 나의 욕망을 온전히 꺼내 놓는 일을 먼저 해 보자. 그럴 시간도 부족하다.

〈말하는 대로〉라는 노래를 좋아한다. "말하는 대로 말하는 대로 될 수 있다고 될 수 있다고 그대 믿는다면"이라고 열창하는 소절은 들을 때마다 소름이 돋는다. '말에 힘이 있다'는 말을 믿는다. 앞서 욕망에 관한 이야기를 했다. 원하는 모습을 그렸고, 계속 내뱉었다. 그런데 그렇게 하는 것만으로 정말 꿈이 현실이 될까? 나는 작가가 될 거라고 말하면서 넷플릭스만 보고 있다면, 부자가 되고 싶다고 말하면서 인터넷 쇼핑만 하고 있다면 과연 그 말은 힘이 있을까?

욕망이 구체적인 현실이 되려면 우리는 액션을 해야 한다. 움직이지 않으면 그저 몽상가, 허풍쟁이가 될 뿐이다. 그래서 나는 지금, 여기에서 내가 할 수 있는 일을 하기로 했다.

우리 부부의 꿈은 『월든』의 저자 소로우처럼, 『조화로운 삶』의 공저자 니어링 부부처럼 세상과는 다른 속도로 자기만의 가치관을 가지고, 자연과 함께 노닐며, 누구에게도 구애받지 않는 자유로운 삶을 사는 것이었다.

과거에 우리 부부가 나누던 이야기는 항상 책에서 시작해서 책으로 끝났다. 동화 속 왕자와 공주의 이야기처럼 현실성 없는 '먼 훗날 언젠가'의 상상이었다. 그때 내가 생각했던 건 딱 하나였다. 상상이 현실이 되려면 지금 내가 해야 하는 일은 무엇인가? 술 한잔 들어가면 주절주절하는 우리의 이야기가 주정이 되지 않을 수 있는 방법은 무엇일까?

나는 SNS에 우리의 이야기를 기록해야겠다고 결심했다. 지금 이 마음이 공중에 사라지기 전에 남겨야겠다고. 이렇게 주절거리던 우리의 계획이 숲으로 오게 한 것처럼, 더 많은 사람들이 보는 곳에 공개적으로 기록하다 보면 진짜 어떤 멋진 일이 생길지도 모른다는 약간의 기대감이 있었다.

"이러다 우리 〈인간극장〉에 나오는 거 아니야?" 남편의 농담에

피식거리며 SNS를 시작했다. 먼 훗날 언젠가로 미뤄 둔 꿈이 아니라 지금부터 차곡차곡 쌓기 시작한 현재가 되기 위해서. 실제로 책이 나오고 〈인간극장〉 섭외 전화를 두 번이나 받았으니 더 이상 헛된 상상이 아니었다.

　1년 가까이 블로그 모임을 이끌고 있다. 글로 무엇을 쓸 수 있는지, 뭘 좋아하는지, 관심사가 무엇인지조차 분명하지 않은 사람들이 모였다. 그저 요즘 SNS가 필수인 세상이라고 하니 뭐라도 해야겠는 사람들이었다. 그중 3분의 1은 시도조차 하지 않고 나갔고, 남은 사람들 중 절반은 한두 달 만에 포기했다. 그리고 소수의 몇몇이 남았다. "뭘 써야 할지 모르겠어요"라고 매일 말하기도 민망해서 뭐라도 쓰는 시간을 이어 갔다.

　나라고 뭔가 특별한 것이 있었던 게 아니다. 그저 내가 할 수 있는 말은 이 일의 결과가 뭐가 됐든 간에 일단 써 보자는 것이었다. 생각해 보면 가정주부라는 직업은 시간과 공간의 한계가 있는 자리이기도 하지만, 뭐든 도전할 수 있는 자리다. 포기해야 하는 수입이나 경력이 있는 것도 아니기 때문에 좀 더 자유롭게 도전할 수 있다.

　의식적, 무의식적으로 기록을 지속하다 보면 자기도 모르게 발견하는 것이 있다. 내가 편안하게 쓸 수 있는 글이 무엇인지, 나의 관심 분야가 무엇인지, 그 전에는 깨닫지 못했던 진짜 '욕망'을 발견하는 때가 온다.

'아, 나는 이걸 좋아하는구나.'
'나는 이런 걸 잘하는 사람이구나.'
'나, 사실은 이런 이야기를 하고 싶었구나.'

그런데 이런 걸 알아차리기까지 드는 시간이 그리 만만하지 않다. 이것저것을 시도해야 알 수 있고, 써 봐야 알 수 있다. 사람들은 대부분 누군가가 "아! 당신은 이 분야의 전문가예요. 어서 쓰세요"라고 말해 주길 원하지만, 자신에 대해 가장 잘 아는 사람은 자신밖에 없다. 물론 꾸준히 지속하다 보면 누군가가 발견해 주기도 한다.
"어? 너는 이걸 잘하는데 왜 안 하고 있어?"

이것도 내가 무언가를 보여 줄 때만 가능한 일이다. 행동하지 않는 사람에게는 아무것도 주어지지 않는다. 나는 말의 힘을 믿는 사람이고, 내가 말한 대로 원하는 바를 모두 이루며 살고 있다고 자부한다. 물론 쉬운 일이 아니다. 말이 행동이 되기 위해선 사실 꽤나 큰 에너지가 필요하다. 나는 말이 행동이 되도록 하는 그 사이에 'SNS'라는 중간 과정을 넣었다. 이건 매우 효과적인 트리거 (trigger)가 되었다.

말 → SNS → 행동

SNS는 다시 말하면 '공표'다. 세상에 내가 원하는 것을 말하는 과정이다. '나, 오늘부터 부자가 될 거야'라고 하는 혼잣말은 힘이 없다. 나밖에 듣지 못한 말은 언제든 주워 담을 수 있다. 그래서 내가 매일 살을 빼겠다고 말하지만 살이 안 빠지는 모양이다.

하지만 SNS라는 확성기에 대고 외치는 순간 그 말은 무게를 갖게 된다. 더 이상 혼자만의 넋두리가 아니다. 스스로에게 각성이 된다. 다음 스텝을 밟을 수 있도록 하는 동력이다.

SNS를 똑똑하게 사용하는 사람은 이런 점을 잘 활용한다. SNS의 많은 이점 중 가장 강력한 것이 바로 이 '확성기 효과'다.

첫 책을 막 쓰기 시작했을 때 SNS에 '나는 9월에 베스트셀러 작가가 되겠습니다'라고 적었다. 그 말을 쓰면서 손발이 오그라드는 기분을 느꼈다.

'나 이렇게 뻔뻔해도 되는 거야? 한 글자도 안 쓰고 베스트셀러 작가가 되겠다고 말해도 되는 거야?'

스스로 염치없는 나에게 고개를 저었으나, 그 글은 책을 쓰는 내 내 나를 쫓아다녔다. 하물며 첫째 딸은 내가 글을 쓸 때마다 옆에 와서 이야기했다.

"엄마, 엄마는 9월에 베스트셀러 작가가 될 거야. 파이팅!"

그 중압감에 녹다운이 될 때도 있었지만, 결국 그 바람은 현실이 되었다. 나의 첫 책은 9월에 출간되었고 일주일 후 베스트셀러 딱지를 달았다. 적어도 거짓말쟁이가 되지 않기 위해서 나름대로 애를 쓴 덕분이다. 이것이 공표의 효과다. 말은 사람들에게 전해질 때 그 힘이 커진다. 그리고 SNS는 말을 전하는 데 가장 최적화된 도구다.

무언가가 되기를 원한다면, 무엇을 이루고 싶다면 지금 당신이 해야 할 일은 SNS에 기록을 하는 것이다. 그리고 한 사람이라도 더 그 기록을 볼 수 있도록 널리 알리는 것이다. 올라가는 '좋아요' 숫자만큼 당신의 꿈은 무게를 갖게 되고, 중력의 힘을 받아 결국 원하던 방향으로 흘러간다. SNS를 트리거로 활용하자.

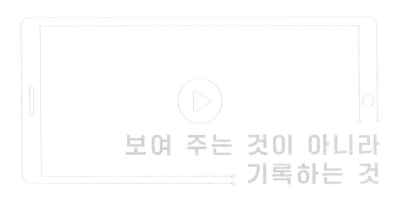

보여 주는 것이 아니라
기록하는 것

    매일 똑같은 하루. 아이는 여전히 손이 많이 가고, 해야 하는 일과 주어진 역할은 그대로다. 그러나 그 일상 안에 존재하는 내 마음은 매일 다르다. 막내와 손잡고 어린이집으로 가는 길, 바람이 스쳤다. 고개를 들어 하늘을 보니 나뭇잎 사이로 들어오는 햇살에 눈이 부셨다.

    "예쁘다."

    햇살을 향해 카메라를 들이댄다. 그 사이 아이는 내 손을 뿌리치고 달려간다.

    "엄마! 나 잡아 봐라."

작은 꼬마와 이길 수 없는 잠기 놀이를 한바탕하고 아이와 작별 인사를 한다. 아이를 어린이집에 들여보내고 집으로 돌아오는 길, 스마트폰을 잠시 연다.

#바람이분다햇살이좋다

아이를 어린이집에 데려다 주는 길
하늘도 햇살도 바람 소리와 새 소리까지
영화 같은 장면에 잠시 넋을 잃고 한참을 머문다.

나를 보고 빙긋 웃는 꼬마는
엄마 나 잡아 봐라~~

까르륵 웃는 소리만큼 까르륵한 내 마음.

기록의 순간, 한 번 더 충만한 기쁨이 차오른다. 여느 때와 똑같은 하루지만 사각 프레임에 한 번, 내 감정을 쓰는 시간에 또 한 번, 기록으로 나의 일상이 조금씩 특별해졌다.

아무것도 일어나지 않은 것 같은 하루지만, 사실 많은 일이 일어나고 있음을 나는 이제 안다. 기록하고 있기 때문에, 기록하려고 하기 때문이다. 집안일을 하면서도, 잠깐 쉬는 시간 책을 읽으면서도, 동네 엄마와의 수다에서도, 나를 스치는 바람의 냄새에서도.

나의 하루는 집 주변을 맴맴 돌고 있지만, 그 안의 나는 그렇지 않다. 어제의 나와 오늘의 내가 느끼는 마음은 같지 않다. 그 다름은 내가 알아차리고 기록할 때만 눈치 챌 수 있다.

사람들은 SNS에 글이라도 하나 쓸라치면 뭔가 있어 보이는 걸 써야 할 것 같은 강박에 시달린다. 앞서 '키친 테이블'을 운운하던 나처럼 말이다. 힘이 잔뜩 들어가는 일은 얼마 못 가 포기하고 만다. N잡러가 되기도 전에 나는 역시 안 된다며 자괴감 하나를 추가하는 일이 될지도 모른다.

있어 보이려는 마음을 내려놓고 담백하게 툭툭 써 보자. 지루한 일상과 특별한 일상은 시선의 차이다. 김신지 작가는 『기록하기로 했습니다』에서 "기록은 오늘의 내가 미래의 나에게 쓰는 편지"라고 했다. 미래의 나에게 한껏 과시할 이유가 있을까. '나의 오늘은 이랬어. 미래의 나는 어때?'라고 질문하는 마음으로 끄적거리면 된다.

우리는 자꾸 지금의 내 처지를 놓고 남과 비교하게 된다.

'우리 남편은 오늘도 야근이고 주말에도 쉬질 못하는데 이 집은 매일 놀러 가네.'

'우리 애는 맨날 나를 들들 볶는데 저 집 아이는 어쩜 저렇게 천사 같지?'

'아니 뭔 돈이 그리 많아서 저렇게 매일 뭘 사는 거지?'

기록하기도 전에 남의 것을 보다가 스마트폰을 덮어 버리기도 한다. 그렇기 때문에 뭔가 내 일상도 보여 줄 만한 것이어야 할 것 같다. 누군가의 부러움을 살 만한 기록이어야 할 것 같다는 생각을 하게 된다.

나도 그럴 때가 있었다. 뭔가 좀 다르게 살고 있는 나를 기록하려고 컴퓨터 앞에 앉았다. 나를 보여 주기 위해 포장된 글을 쓰려다 보니 자꾸 다른 사람의 포장지를 들여다보게 되었다. 화려한 포장지를 보자니 갑자기 내가 쓰려는 것들이 초라하게 느껴졌다.

'왜 굳이 이런 걸 쓰려고 하지?'

내 안의 비판자가 나를 들들 볶기 시작했다. 별것도 아닌 나를 드러내는 것이 유난하다고 생각하기도 했고, 남들에게 비웃음을 받을 거라고 단정하기도 했다. 하나를 올리고 후회와 자책으로 계속 반응을 확인할 때도 있었다. 그런 나와 마주할 때마다 SNS뿐 아니라 일상도 멈췄다. 인생의 파도를 타려고 시작한 일 때문에 도리어 땅굴을 파게 됐다.

이제는 안다. 남과 나의 차이점을 찾고자 하는 에너지를 스스로에 대한 탐구를 하는 데 사용하면 된다는 것을. 멋져 보이고 싶다는 마음을 내려놓고 그저 있는 그대로의 나를 기록하기로 했다.

우리는 끊임없이 '남'에게로 가는 시선을 '나'에게 가져오는 연습을 해야 한다. 그 누구도 아닌 나를 위해, 그 무엇이 되기 위해서라기보다는 지금의 나를 오롯이 마주하기 위해.

내가 SNS를 하는 까닭은 남에게 보여 주기 위함이 아니다. 내가 나에게 오늘도 이렇게 일상을 잘 꾸렸다고 말해 주는 선물 같은 것이다. 특별해서 기록하는 것이 아니라, 그 기록으로 나의 오늘이 특별해짐을 알기 때문이다. 그리고 이것이 바로 내가 이 책을 쓰는 이유이기도 하다. 엄청난 노하우를 알려 준다거나, 순식간에 인플루언서가 되는 법을 말하고자 하는 것이 아니다. 내가 그런 식으로 계정을 키우고 있지 않기 때문에 그렇게 쓴다고 해도 그것은 온전히 나의 것이 아니다.

　다만 내가 분명하게 말할 수 있는 것이 있다. 설사 SNS를 하는 행위로 어떤 경제적 이익을 얻지 못하더라도 나와 나를 둘러싼 것들에 대한 애정이 남게 될 것이다. 장담한다. 적어도 불필요한 시간 낭비나 에너지 소모가 되지는 않을 것이다. 나를 어여삐 여기고, 내가 가진 것들을 사랑하게 되는 시간이 되리라 믿는다. 불평으로 가득 찼던 일상에서 조금이라도 특별한 것을 건져 낼 수 있는 시간이 될 수 있다.

『인스타그램에는 절망이 없다』라는 책 제목을 한참을 바라본 적이 있다. 물론 절망이 없을 수도 있다. 반대로 보면 절망을 절망으로 기록했을 땐 내가 여전히 그 상태에 머물러 있는 것일 수 있다. 그러나 절망 가운데서 한 줄기 희망이라도 찾아 SNS에 기록하는 것은 꽤나 능동적인 행위이다. 거짓된 기록이라고 치부할 수만 있을까. 어쩌면 그것은 희망은 아닐지언정 희망을 찾겠다는 발버둥일지도 모른다. 이를 무조건 나쁘다고만 해야 할까? 가식이 아니라 전진일 수 있는데도 말이다. 그건 절망 속에 빠져 있기보다는 희망으로 나아가기 위해 움직이기를 선택한 것인데 말이다.

PART 2

새로운 '나'를 설정하다

스스로
새로운 이름 부여하기

    내 이름은 곽진영이다. 빛나는 보배라는 좋은 뜻이지만 나는 유년 시절에 내 이름이 끔찍이도 싫었다. 존재감 없는 내가 아이들 사이에서 이슈가 될 때는 늘 이름 때문이었다. 진영이라는 이름을 가진 연예인은 왜 그리도 많은지 현진영, 곽진영, 박진영까지. 거기다 딱딱하고 남자 같은 느낌 때문에 (이름을 지어 주신 부모님께는 참 죄송하지만) 싫었다. 개명이라도 할 수 있으면 좋겠다는 생각을 했었다. 그런 나에게 새로운 이름으로 살 기회가 주어졌다. 바로 온라인 활동을 시작하면서부터다.

    말로 모건이 쓴 『무탄트 메시지』에 이런 이야기가 나온다. 아이가 태어나면 이름을 지어 주지만, 사람이 성장함에 따라 어려서 받은 이름은 어울리지 않게 된다는 것이다. 나이를 먹으면 각자 자기에게 어울리는 이름을 선택해야 한다. 나이가 들어가면서 그 사람이 지닌 지혜와 창조성, 삶의 목표가 더 뚜렷해진다면 당연히 그는 일생 동안 여러 번에 걸쳐 이름을 바꾸게 될 거라는 것이다.

내가 태어날 때 부모님으로부터 부여받은 이름, 그리고 내가 온라인 활동을 시작하면서 나 자신이 스스로에게 부여한 이름. 이 둘의 차이는 무엇일까. 법적 서류상 기재된 이름과 온라인에서 쓰는 닉네임이라는 단순한 차이? 그보다 후자는 부모님의 보호 아래 있던 아이가 성장하여 자신과 어울리는 이름, 자기 삶의 지향을 나타내는 이름을 스스로 지었다는 의미를 지닌다.

지금 내가 온라인에서 활동하면서 쓰는 이름은 '나날'이다. 처음 닉네임을 지을 땐 숲에서 아이를 키우는 엄마라는 의미의 나뭇잎 엄마에 자유롭고 싶은 간절함을 담아 '나뭇잎 엄마, 날다'를 줄여서 나날이라고 썼다. 셋째를 낳고 온몸이 안 아픈 곳이 없었다. 손목은 저리고, 허리는 쑤시고, 거죽만 남고 모든 영양소가 다 빠져나간 느낌이었다.

어느 가을날 떨어지는 나뭇잎이 바람을 타고 하늘로 날아오르는 모습을 보면서 '아, 꼭 나 같다. 다 말라 비틀어졌지만 그래도 한 번은 저렇게 자유롭게 날아오를 수 있을까. 나에게도 저런 시간이 오긴 올까' 그런 마음이 들었다. 그렇게 슬프지만 한 가닥 희망을 가지고 지은 이름이었다.

한창 첫 책을 쓸 때 머리를 쥐어뜯고 있는 내 옆에 살그머니 다가온 딸이 "엄마 이름이 나날이잖아"라며 운을 띄웠다. "나는 '나뭇잎 엄마 날다'보다 '나비 날다'가 더 좋아! 그래서 내가 나비를 그렸어. 이거 엄마야!"라며 그림 하나를 건넸다. 그날 나는 아이와 한참을 도화지에 그림을 그렸더랬다. '나비 날다', 좋았다. 트리나 폴러스가 쓴 『꽃들에게 희망을』에 나오는 나비처럼 자유로운 삶을 살면서 세상에 이로운 사람이 되고 싶다고, 그날 나는 처음으로 내가 아닌 누군가에게 도움이 되는 삶을 꿈꿨다.

온라인 활동을 시작할 때 우리가 가장 먼저 해야 하는 일은 '닉네임 정하기'이다. 이때 별 고민 없이 그저 떠오르는 대로 혹은 어릴 때 친구들이 불렀던 별명 같은 것으로 짓는 경우가 대부분인데, 나는 좀 더 신중하게 이 작업을 하기를 권한다.

최우선으로 고려할 게 있다. 검색되는 이름을 짓는 것이다. 검색했을 때 나올 수 있도록 희소하고, 부르기 쉽고, 기억하기 좋은 단어라면 금상첨화다. 쉬운 일이 아니다. 나도 누군가 닉네임에 대한 고민을 하면 그 사람과 함께 떠오르는 명사, 형용사, 동사 등을 끼적거려 보고 영어, 프랑스어, 라틴어까지도 검색해 본다. 그렇게 해 보아도 닉네임을 정하기란 쉽지가 않다.

본명으로 온라인 활동을 하는 사람도 의외로 많은데, 그 경우 이름에 자신을 설명할 수 있는 수식어를 붙여 주는 편이 더 좋다.

'치카쌤써니'라는 이름으로 활동하는 온라인 이웃은 직업이 치위생사고 이름이 '선이'이다. 그 둘을 결합해서 자기만의 정체성을 가진 닉네임을 만들었다. 그녀는 어린아이의 치아 관리에 대한 콘텐츠를 발행하고 전자책도 냈다. 닉네임 하나로 나의 모든 것이 설명된다면 그만큼 좋은 이름은 없다.

패브릭 소품을 판매하는 브랜드를 운영하던 '고마워숲'이라는 닉네임을 가진 이웃은 그 이름을 부르면서 누군가 한 명이라도 자연에 대한 고마움을 느끼기를 바랐다고 했다. 그 이름은 자신도 지구에 해가 되지 않는 방향으로 선택을 하면서 살아갈 것이라는 의지의 표명이기도 했다. 닉네임에 자신의 가치를 담은 사람은 선택의 순간에 오히려 심플해진다. 자신의 삶의 방향이 확실하기 때문에 그것에 해가 되는 결정은 잘 하지 않는다.

결국 닉네임은 '내가 SNS를 왜 하는가'라는 질문과 맞닿아 있다. 목적이 명확히 드러난 이름을 가지고 활동하면 내가 기록하는 것들도 분명해진다.

'온라인 세계에서 새롭게 부여할 나의 정체성', '온라인 세계에서 해 보고 싶은 것들에 대한 나의 소망'을 담아 이름을 만들어 보자.

블로그와 달리 인스타그램의 경우 닉네임이 아닌 영문 아이디로 활동하기 때문에 아이디를 만들 때도 신경을 써야 한다. 발음하기 어려운 알파벳의 나열 혹은 숫자의 나열은 그 사람 자체에 대한 신뢰를 떨어뜨리고, 기억에 남을 수도 없다. 예를 들면 ejwfgesawd, znehxy54321 이런 것들이다.

내 아이디는 nanal_dreamer이다. 나날의 한글 발음 그대로 영문화했고 그 뒤에 꿈꾸는 사람이라는 정체성을 적었다. nanal_writer 라고 할 수도 있었지만 작가라는 한정된 테두리에 나를 집어넣고 싶지 않아서 이 아이디를 사용하진 않았다.

영문 아이디에 book, song, note, coffee 등 자신이 관심을 갖고 있는 단어를 함께 넣으면 직관적으로 나의 콘텐츠를 설명할 수 있을 뿐 아니라 검색할 때도 좋다.

닉네임은 결국 내가 뭘 하는 사람인지, 어떤 분야에 관심이 있는 사람인지를 하나 혹은 두 단어로 말해 주는 것이니만큼 자기만의 개성 넘치는 이름을 만들어 보자. 마치 오프라인의 첫인상처럼 온라인의 첫 느낌은 닉네임 혹은 아이디에서 결정된다는 것을 잊지 말자.

'나비 날다, 나날'로 닉네임을 바꾼 뒤로 사람들은 늘 나에게 '훨훨 날아요, 나날'이라고 말해 준다. 좋은 일이 있을 때는 '나비가 되었어요, 나날'이라고 한다. 그 다정한 말이 좋아서, 정말 내가 자유로운 나비가 된 것 같아서, 그날이 머지않은 것 같아서 나는 새롭게 품은 내 이름을 사랑한다.

『무탄트 메시지』에서 말한 것처럼 내가 가진 지혜와 창조성, 삶의 목표에 따라서 내 이름은 계속 바뀔 수 있다. 서류상의 이름은 매번 바꿀 수 없지만 온라인의 이름은 그럴 수 있다. 스스로 새로운 이름을 부여하는 일이 새로운 삶의 출발을 의미할지도 모른다.

그 삶에서 사람들에게 많이, 자주 불릴 내 이름을 고민해 보자. 내 꿈과 맞닿아 있는 이름을.

나는
이런 사람입니다

　자기소개를 해 본 경험, 언제쯤일까. 한창 취업 시즌에 이력서와 자기소개서를 들고 다니며 허풍 가득한 소개를 했을 때 이후로 나라는 사람을 언제 소개했는지 기억도 잘 안 난다. 그 후에 새로운 관계나 커뮤니티 안에 속한 경험이 별로 없기 때문이다. 엄마가 된 뒤로는 어디에 사는 누구누구 엄마라는 소개로 모든 것이 설명 가능한 생활을 해 왔다. 그리고 거기에 내 스토리를 이것저것 붙여서 내 소개를 완성해 왔다. 그것은 하등 이상하지 않은 일이었다.

　온라인의 상황은 그것과 조금 다르다. 사람들이 '당신을 소개해 주세요'라고 묻지 않지만 나의 프로필을 보고 이 사람은 어떤 사람이라고 판단한다. 나에게 추가 설명을 할 기회가 없다. 그래서 프로필에는 내 정체성이 담긴 이름(혹은 아이디)과 함께 나의 핵심 메시지가 드러나는 것이 좋다. 잠을 자고 있는 동안에도 나를 설명해 줄 단어들이기 때문이다.

　네이버만 검색해도 다양한 키워드 광고들이 뜬다. 꽤 비싼 금액을 주고 내는 이 광고의 효과를 우리는 프로필에서 얻을 수 있는데 안 할 이유가 없다. 가성비 좋고 무료로 이용할 수 있는 나를 위한 광고판을 잘 이용해 보기 바란다.

보통 첫 줄에 이름만 적는 경우가 대부분인데, 이름과 함께 나를 알릴 수 있는 키워드를 넣는 것이 좋다. 오랜 시간 두 아이의 엄마로 살았지만 어느 정도 아이들이 큰 이후 자신의 전공인 바이올린을 다시 연주하기 시작한 나의 시누이를 예로 들면 '이름, 지역, 바이올리니스트' 정도로 첫 줄을 쓸 수 있다.

이 영역은 인스타그램 검색 창에서도 그렇지만 네이버에서도 검색되는 한 줄이기 때문에 무엇을 하는 사람인지까지 적어 두는 것이 좋다. 이 영역은 14일에 한 번 바꿀 수 있다. 이 소개는 고정된 것이 아니라 자기의 관심사가 바뀔 때마다, 하고 있는 일이 바뀔 때마다 달라질 수 있으니 너무 깊게 고민하지 않아도 된다.

계정 전환은 오른쪽 상단에 '밑줄 세 개' 모양을 누르면 톱니바퀴 모양의 [설정]이 있다. 설정에서 [계정] 메뉴를 누르면 제일 아래에 [프로페셔널 계정으로 전환]이라는 파란 글씨를 누르면 된다. 거기에서 내 직업의 카테고리를 설정하는 부분이 나오는데, 그중 하나를 골라 설정하고 프로필에 표시 버튼을 활성화하면 내 프로필에서 카테고리를 확인할 수 있다.

프로페셔널 도구를 이용하면 내 팔로워들이 나의 어떤 게시물을 선호하는지 지표를 알 수 있고 추후 필요한 경우 홍보도 할 수 있기 때문에 필수적으로 전환해 두면 좋다.

• ❸ 나를 설명하세요 •

내가 어떤 사람인지, 어떤 콘텐츠를 올리는 사람인지 정의가 되어 있다면 나를 팔로워로 추가할까 말까를 고민하는 사람들에게 도움이 된다. 사람들이 프로필을 검색하는 경우는 대개 콘텐츠가 맘에 들어서 사람이 궁금해졌다거나 혹은 어떤 제안을 하기 위해 관련 업종의 일을 하고 있는 사람을 검색할 때다.

두 경우 모두 나라는 사람이 누구누구 엄마가 아닌 어떤 가치를 가지고 있고, 어떤 일을 하고 있는 사람인지 보여 줄 수 있으면 좋다. 그리고 어떤 제안을 할 수 있는 연결 통로로 메일 주소 혹은 홈페이지 주소 등을 넣어 두면 좋다.

꼭 비즈니스적인 관점이 아니더라도 나의 관심 분야나 취미 활동을 넣어도 좋다. 나는 '세 아이 엄마'를 적어 뒀는데 팔로워를 만들 때 세 자녀인 분들이 친근하게 다가와 주는 통로가 되기도 한다.

나를 팔아 본 경험이 없고, 나에 대해 드러내는 것을 기피하며 살아온 사람들은 이런 곳에 내가 뭐라도 되는 양 적는 것에 부담을 느끼거나 의기소침해진다. 그런데 반대로 생각해 보면 우리는 한 번도 나라는 사람이 어떤 가치를 가지고 살고 있는지, 무엇을 잘하는지, 무엇을 좋아하는지 깊게 생각해 본 경험도 없다는 이야기이기도 하다. 이 손바닥보다 작은 곳에 몇 줄 쓰는 것이 그토록 어렵다. SNS는 결국 관종의 영역이 아니라 '나를 얼마나 정확하게 알고 있느냐'의 영역일지도 모른다.

· ❹ 링크를 삽입하세요 ·

인스타그램은 외부로 연결할 수 있는 URL이 없다. 본문이나 댓글에 URL을 써도 활성화되지 않는다. 외부로 빠져나가지 못하고 인스타그램 안에서 놀게 하려는 목적이라고는 하는데 사용자에겐 여간 불편한 것이 아니다. 유일하게 딱 하나의 링크를 넣을 수 있는 곳이 있다. 필요한 경우 이 링크를 이용하면 좋고, 여러 개의 링크를 삽입하고 싶은 사람들은 링크트리, 인포크 링크 등을 사용하면 된다.

블로그도 마찬가지다. 블로그 제목에 자신의 닉네임, 키워드 등을 넣어서 검색이 될 수 있는 창구로 만든다. 특히 블로그는 인스타그램과 달리 자신의 콘텐츠를 검색할 수 있고 목록화할 수 있기 때문에 [소개]에 구체적으로 뭘 하는 사람인지, 어떤 일을 하고 있는지, 어떤 이야기를 담고 있는지 써 주면 좋다.

이 책을 여기까지 읽으면서도 '지금 나는 아무것도 적을 것이 없다'고 생각하는 분도 있을 수 있다. 사실 최근까지 나도 그랬다. 도대체 이 소개란에 뭘 적어야 하는지 알 수 없어서 '남한산성에 살고 있는 세 아이 엄마' 혹은 '글 쓰고 노래하는 엄마' 정도로 나를 소개했었다. 그런데 사람들이 정작 궁금해 하는 건 '남한산성에서 세 아이와 뭘 하느냐'라는 걸 알게 됐다.

나는 이곳에서 단지 자연 육아 혹은 숲 육아를 하는 것이 아니다. 사교육과 미디어 없는 마을에서 아이들을 키우고 있으며, 그러면서도 육아와 교육에 올인 하고 있지는 않고 나의 성장을 위해 노력하고 있다. 바로 내가 이런 엄마임을 드러내는 게 중요하다는 것을 깨달았다.

내가 어떤 사람인지, 사람들이 나에 대해 무엇을 궁금해 하는지 처음부터 알 수는 없다. 그건 당연하다. SNS를 시작해 차곡차곡 기록을 쌓아 나가다 보면 스스로 내가 어떤 사람인지, 무슨 얘기를 하고 싶은지 알아차리게 된다. 그때마다 하나하나 업데이트하면 된다.

처음부터 완벽하게 세팅할 수도 없지만 그럴 필요도 없다. SNS 는 고정불변이 아니다. 얼마든지 유연하고 자유롭게 사용할 수 있 다. 걱정을 내려놓고 현재의 나를 소개해 보자.

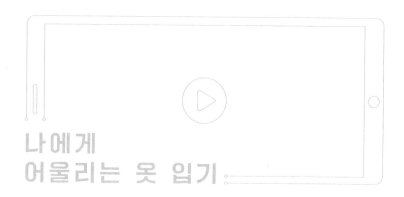

나에게
어울리는 옷 입기

나는 무늬가 화려한 긴 원피스를 좋아한다. 하체에 비해 비교적 마른 상체와 여성스러운 분위기가 원피스 스타일과 꽤 잘 어울린다는 것을 알고 있다. 한동안 텔레비전에서 나오는 상큼한 아이돌처럼 흰 티셔츠에 청바지를 입고 싶었지만 내 체형은 청바지와 어울리질 않았다. 기어코 입은 날은 종일 불편하고 신경이 쓰였다.

SNS도 마찬가지다. 블로그, 유튜브, 팟캐스트, 브런치, 인스타그램 등 수많은 플랫폼 중에 나와 잘 어울리는 것이 있다. 처음 시작은 애쓰지 않고 편하게 할 수 있는 SNS를 선택하는 것이 좋다. 그래야 쉽게 지치지 않고 재미를 붙여서 시작할 수 있다.

그렇다고 무조건 하나만 주야장천 파는 것이 아니다. 내가 원피스를 좋아하지만 정장도 입고, 트레이닝복도 입고, 간혹 청바지도 입는 것처럼 나를 돋보이게 하는 주력 플랫폼 하나가 있으면 거기서 얻은 자신감과 노하우로 다른 플랫폼으로 충분히 확장할 수 있는 힘이 생긴다. 그럼 대표적인 플랫폼들의 특징을 살펴보자.

· 블로그 & 브런치 ·

블로그는 '정보 전달'이 기본이다. 블로그의 태생이 네이버이고, 네이버는 알다시피 검색을 기반으로 하는 플랫폼이다. 우리는 보통 궁금한 것이 생기면 네이버 검색창에 검색어를 써 넣는다. '강남 맛집' 같은 것이다. 그럼 그 답을 해 주는 것이 대표적으로 지식인과 블로그이다. 사람들이 궁금해 하는 것을 직접 경험해 본 개인이 대신 답변해 준다. 이것들은 내가 하고자 하는 이야기보다는 사람들이 듣고 싶어 하는 이야기에 대한 정보를 쓰는 플랫폼이다. 오롯이 내 이야기를 하고 싶은 사람들에게는 브런치를 추천한다.

브런치는 글쓰기에 특화된 플랫폼으로 작가가 되기를 꿈꾸는 사람들이 많이 모여 있다. 군더더기 없이 글만으로 승부하는 곳이라질 좋은 콘텐츠가 쌓여 있다. 다만 진입 장벽이 없는 블로그와는 달리 처음 브런치는 '작가 신청'이라는 허들이 있어서 하고 싶다고 바로 시작할 수 없는 단점이 있다.

유튜브는 '영상' 플랫폼이다. 기존의 방송국이 하던 역할을 이제 개인이 하는 시대가 되었다. 문자보다 영상이 익숙한 10대는 검색 자체를 유튜브에서 하기도 한다. 한국언론진흥재단의 2020년 "10 대 청소년 미디어 이용 조사"에 따르면 10대 청소년의 37.3%가 관심 있는 주제를 찾을 때 유튜브 같은 동영상 플랫폼을 이용한다.

유튜브에는 돈 주고도 듣기 힘든 정보가 넘쳐난다. '수익성' 때문이다. 네이버도 '애드포스트'로 블로거들에게 지식에 대한 광고 수입을 지급하고는 있지만 그 액수가 미미하다. 그에 비해 유튜브는 확실한 보상이 이루어지고 있다. 유튜브에서 살아남으려면 좀 더 자극적이고 이슈가 될 만한 주제를 다뤄야 한다.

유튜브만큼 강력한 SNS는 없지만 하나의 영상을 제작할 때 들이는 수고가 만만치 않다. 그래서 요즘은 영상 제작에 대한 부담이 없는 팟캐스트도 인기다. 오로지 목소리를 녹음하고 편집해서 올리면 되기 때문에 유튜브보다 훨씬 품이 덜 든다. 이동 중에 들을 수 있는 장점도 있다. 영상이 주는 피로도가 심해지고 있어서 팟캐스트에 대한 관심은 커지고 있다.

• 인스타그램 •

인스타그램은 기본적으로 '사진' 플랫폼이다. 사진 한 장으로 무엇이든 설명할 수 있다. 사진을 공유하면서 활발한 소셜 네트워킹이 이루어진다. 한때 인스타그램은 뛰어난 미모를 가진 사람만이 눈길을 끌 수 있다는 편견이 있었지만 지금은 그렇지 않다. 뛰어난 미모와 감각적인 사진이 여전히 인기의 척도로 유효하지만, 사용자가 많아지면서 일상을 포착한 사진도 많은 인기를 얻고 있다.

그저 한 장의 사진과 짤막한 글, 해시태그 몇 개만 있으면 바로 하나의 피드 생산이 가능하다. 이 '간편함'이 인스타그램의 가장 큰 장점이자 단점이다. 사진 한 장에 나의 라이프스타일을 담는 것은 어찌 보면 가장 어려운 일이지만, 누구나 어렵지 않게 생산자가 될 수 있는, 다양성이 공존하는 플랫폼이기도 하다.

내가 처음 SNS에 발을 들여놓는 사람들에게 1순위로 추천하는 것은 인스타그램이다. 스마트폰으로 카메라와 카카오톡 정도만 이용할 수 있다면 인스타그램은 누구나 할 수 있는 소셜 네트워크이다.

그렇다면 나에게 맞는 SNS는 무엇일지 어떻게 알 수 있을까?

첫 책을 낼 때 '나처럼 아무 기반이 없는 사람은 어떻게 책을 팔아야 하지?'라는 생각을 많이 했더랬다. 고민하다가 블로그와 인스타그램에 짧게 책의 문장들을 인용해서 글을 쓰기 시작했고, 내 글을 낭독해서 일주일에 하나씩 팟캐스트에 올리기 시작했다. 초보 작가가 할 수 있는 일이란 게 그런 것뿐이었다. 조금이라도 세상에 나의 이야기를 알려야겠다고 생각해서 했던 시도였다.

나에 대해 전혀 모르는 사람들, 내가 어떤 책을 쓰는지 모르는 사람들이 나의 이야기에 조금씩 반응하기 시작했다. 내 글에 공감하며 자신의 생각을 달아 주었고, 그다음 이야기를 기다렸다. 그중 가장 의외의 반응이 나온 것은 오디오 클립이었다. 10분 남짓한 오디오 클립을 기다리는 사람들이 생겼다. 전문적인 성우도 아니고, 유명한 책이 아닌데도 나의 스토리와 동화 구연하는 것 같은 목소리를 좋아해 주는 사람들이 있었다.

카드 뉴스를 만드는 것도, 오디오 편집을 하는 것도 어느 하나 쉬운 것은 없었지만 하나씩 배워 가며 만들어 나갔다. 그 결과물을 통해 사람들이 나의 어떤 점을 좋아해 주는지를 알아 가는 시간이었다.

결국 나와 맞는 옷을 입으려면 이것저것 입어 보는 과정이 전제되어야 한다. 시도해 보지도 않고 '그건 나랑 어울리지 않아'라고 단정할 수 있을까? 화려한 옷도 입어 보고, 수수한 옷도 입어 보고, 원색 옷도 입어 보고, 무채색 옷도 입어 보면서 내 얼굴과 내 몸매에 가장 맞는 옷을 찾아본다. SNS는 옷과 달리 시도하는 데 돈이 들지 않는다. 예쁜 쓰레기를 쌓아 둘 필요도 없다. 여러 시도 끝에 나한테 딱 맞는 '옷'을 입고 온라인 세계를 활보하다 보면 오히려 나에게 돈을 벌어다 주기도 한다. 해 보지 않을 이유가 있을까?

때로는 의욕이 과해서 여러 가지를 한꺼번에 시작하려는 사람도 있다. 물론 해 볼 수 있다. 그런데 열정은 순간의 기분일 뿐, 금세 지치고 만다. "내가 진짜 열심히 해 봤는데, 안 돼"라고 말하는 사람들은 의외로 이렇게 굉장한 열정을 바친 경우가 많다. SNS를 처음 시작하는 사람들은 단 하나의 플랫폼에서 단 하나의 게시물을 올리는 것도 굉장한 번뇌가 생긴다. 안 가 본 길이 더 더디고 고되게 느껴지는 것과 같다.

내 매력을 제대로 보여 줄 수 있는 것부터 시작해 보자. 하나의 채널에서 나의 이야기에 공감해 주는 사람들을 충분히 만나고, 공감의 지점을 확인한 후에 그 콘텐츠를 가지고 다른 플랫폼에 가서 확장해도 늦지 않다. 예를 들면 '인스타 팔로워 1000명 만들기' 혹은 '블로그 게시물 50개 이상'처럼 꾸준히 시간을 들여 본다.

나의 경우 시작은 블로그로 했고, 여전히 블로그가 중요하다고 생각한다. 하지만 인스타그램이 좀 더 편하다. 일상의 순간을 아름답게 포착해서 나의 이야기와 함께 적기 쉽고, 나와 비슷한 관심사를 가진 사람들도 쉽게 만날 수 있다. 장황하게 설명하지 않아도 되고, 전문적인 글을 쓰지 않아도 되고, 포토그래퍼가 찍은 것 같은 사진이 필요한 것도 아니다. 그래서 가장 많은 사람들이 활발하게 이용하고 있는 것이 인스타그램이다. 만약 온라인 세상에 들어갈까 말까를 망설이고 있다면 부담 없이 발행할 수 있는 인스타그램부터 시작해 볼 것을 추천한다.

nanal_dreamer ⌄ •

프로페셔널 대시보드
비즈니스만을 위한 도구 및 리소스.

	899	**5,123**	**1,947**
	게시물	팔로워	팔로잉

작가 나날 | 숲에 사는 엄마의 브랜딩
작가
🎤 글 쓰고 노래하는 세 아이 엄마
📖 #우리는숲에서살고있습니다 의 저자
🌷 온라인모임 #필사의나날 #찐블로그
🎙 leafmom_fly@naver.com
linktr.ee/nanal

프로필 편집	광고 도구
인사이트	Shop 추가	이메일

필사의나날   강연   세자매일상   책   오프모

　의외로 인스타그램 스토리 기능을 사용하지 않는 사람이 있다. 스토리는 24시간 내에 사라지기 때문에 좀 더 가볍게 올릴 수 있다. 나의 경우도 SNS를 육아 일기 용도보다는 나의 이야기를 기록하는 데 좀 더 초점을 맞추고 있기 때문에 피드로 기록하지 않는 육아 이야기를 스토리에 많이 올린다.

　친구와 수다 떨 듯 신경 쓰지 않고 툭툭 올릴 수 있는 것이 스토리의 기능이다. 24시간 뒤엔 사라지기 때문에 좀 더 의외의 모습들을 올릴 수 있는 공간이기도 하다. 무엇보다 스토리를 올리면 프로필의 사진 부분에 빨간 테두리가 생기면서 가장 상단에 사진이 뜬다(87쪽 이미지 참고). 마치 '어서 내 프로필을 눌러'라고 유혹하는, 일종의 호객 행위처럼 보이기도 한다.

이 스토리 기능을 24시간 내에 사라지지 않도록 하이라이트에 추가하는 방법도 있다. 하이라이드는 하던에 있는 동그라미 모양 부분이다(87쪽 이미지 참고). 하이라이트 관리를 잘하면 내가 어떤 이야기를 하고 있는 사람인지, 어떤 분야에 관심이 있는 사람인지를 한눈에 알아볼 수 있다.

팔로워 늘리기,
먼저 다가가는 마음

SNS의 기본적인 기능을 익혔다면 이제 친구를 맺어야 한다. 그 전에 오프라인에서 우리가 친구를 맺을 때를 떠올려 보자. 놀이터에서 내 아이와 나이가 비슷해 보이는 아이를 데리고 나온 엄마와 대화를 나누고 싶어졌다.

"안녕하세요. 어디 사세요? 저희 아이는 다섯 살인데, 건너편에 있는 ○○어린이집에 다녀요. 만나서 반가워요."

처음엔 별로 재미없는 서로의 신상을 늘어놓다가 비슷한 점이나 공통 관심사가 나오면 대화를 이어 간다. 한 번의 마주침으로는 친해질 수 없다. 전화번호를 교환하고 여러 번 마주치며 이야기를 나누다 보면 관계가 급속도로 진전된다. 오프라인의 인맥은 보통 이런 방식으로 맺어진다. 어느 정도 시간과 정성을 들여야만 비로소 '친구'라고 할 수 있을 만큼의 관계로 발전한다.

SNS에서의 관계 맺기도 오프라인과 비슷하다. 사람과 사람 사이의 연결이 오프라인보다 비교적 간단할지라도 이곳도 마찬가지로 사람들이 소통하는 공간이다. 먼저 다가갈 필요가 있으며, 시간과 정성을 들여야 한다는 것도 비슷하다. 다만 그 범위가 좀 더 크고 눈맞춤보다는 정성스러운 한 줄을 남기는 것의 차이가 있을 뿐이다.

간혹 누군가가 찾아오기만을 기다리면서 팔로워가 늘지 않는다고 하소연하는 사람들이 있다. 친구를 늘리려고 노력하고 있느냐고 물으면 뚱한 얼굴로 "뭘 그렇게까지"라고 한다. 스쳐 지나가도 뒤돌아보게 만드는 매력적인 얼굴을 가졌다거나, 사람들의 마음 정중앙에 화살을 쏠 수 있는 엄청난 콘텐츠를 만들어 낸다거나, 그냥 연예인이거나, 이 셋 중 하나가 아니라면 친구를 찾아 나서야 한다.

관계는 원래 쌍방이다. 친해지고 싶은 사람이 있다거나 나와 비슷한 것에 관심이 있는 사람이 있다면 먼저 다가가 보자.

팔로워 수를 인기의 척도로 삼자는 말이 아니다. 오프라인에서는 한계가 있는, 비슷한 취향의 사람들을 만날 기회라고 생각하면 좋겠다. 마음속에 괜한 장벽 하나 가지고 있다면 헐어 버리길 바란다.

• 관심사가 비슷한 사람들을 추가하세요 •

처음 블로그를 시작했을 때 잘 모르니 배워 볼까 싶어서 블로그를 잘한다는 강사의 수업을 들으러 갔다. 그곳에서 기본적인 블로그 사용법과 함께 단기간에 이웃을 늘리는 작업을 알려 줬다. 시키는 대로 기계적인 이웃 맺기를 했더니 순식간에 천 명의 이웃이 생겼다. 한동안은 그것이 블로그를 즐겁게 하는 요인이었다.

그런데 그 즐거움은 오래가지 못했다. 내 이웃은 분명히 천 명이 넘었는데 여전히 내 블로그에 찾아오는 사람도, 글을 조회하는 사람도 전과 별 차이가 없었다. 그 이유가 무엇일까?

이웃은 크게 늘었지만 나와 비슷한 관심사를 가진 이웃이 아니었다. 사람들은 자기가 궁금하지 않은 내용을 클릭할 만큼 여유롭지 않다. 그땐 내 관심사가 뭔지도 정확히 알지 못했을 때인데 무턱대고 이웃 수만 늘렸으니 허수의 천 명을 어깨에 이고 있는 꼴이 되었다.

최악은, 이 사람들이 글은 읽지도 않은 채 '감사합니다', '좋은 하루 보내세요' 이런 댓글을 달고 가는 것이었다. 블로그는 사람들이 글을 읽는 시간(체류 시간)으로 포스팅의 질을 판단하는데, 그들이 자기 블로그를 홍보하기 위해 1, 2초 만에 '하트'를 누르고 가는 행위가 내 블로그의 질을 떨어뜨리고 있다는 생각을 하지 못했다.

그 뒤엔 나와 비슷한 관심사를 가졌거나 나처럼 아이를 키우는 엄마들을 위주로 이웃을 추가하기 시작했다. 나도 그들의 이야기가 궁금했고, 그들도 비슷한 엄마의 이야기가 궁금했으니 소통이 일어나기 시작했다.

인스타그램에서 관심사가 비슷한 친구를 찾는 방법은 해시태그이다. 내가 자주 사용하는 해시태그는 #육아맘 #초등맘 #엄마일상 #육아책추천 #북그램 등이다. 이 해시태그를 팔로우 해 두면 같은 관심사를 가진 사람들을 만날 수 있다.

내가 자주 사용하는 해시태그를 사용하는 인플루언서의 계정에 댓글로 소통하는 사람들을 친구로 맺어 가는 방법도 있다. 같은 관심사에 대해 소통하는 사람들이 곧 나와 소통할 수 있는 이들이다. 결국 친구 숫자보다 중요한 것은 나와 비슷한 관심사를 갖고 있는 사람들이 있느냐다. 나의 이야기에 공감해 줄 사람도, 나를 응원해줄 사람도 결국 그들이다.

댓글로 소통하다가 픽 기운이 빠질 때가 있다. 이모티콘의 나열이나 '잘 봤습니다', '좋은 하루 되세요' 같은 영혼 없는 글을 읽을 때다. '저에게도 방문해 주세요'라고 하면 청개구리처럼 더 가고 싶지 않을 때도 있다. 서로의 얼굴이 보이지 않는 곳에서 한 줄의 글은 곧 말이자 눈빛, 태도를 나타낸다. Ctrl+C, Ctrl+V를 반복하며 수십 개의 댓글을 달 시간에 하나라도 정성껏 댓글을 다는 것이 좀 더 의미 있는 이유이다. 또 인스타그램에서 #선팔맞팔 같은 해시태그를 쓰지 않는 이유이기도 하다.

블로그를 할 때부터 지켜보던 '수정빛'이라는 별명을 쓰는 이웃이 있다. 그녀는 콘텐츠도 그렇지만 댓글 소통에 있어서도 탁월하다. 본인이 올리는 글이 심리와 치유에 관련된 글이다 보니 마음이 힘들거나 위로가 필요한 사람들이 댓글을 단다. 사실 그런 사람들도 처음부터 솔직하게 댓글을 남긴 것은 아니었다.

그런데 어떤 댓글에도 그녀는 한두 줄의 형식적인 위로가 아니라 그 댓글의 첫 글자부터 마지막 글자까지 모두 상대의 마음을 깊이 헤아리는 것 같은 댓글을 남겼다. 그 진심 가득한 소통에 마음이 움직인 사람들은 그녀가 올리는 게시 글에 언제나 긴 댓글을 남겼고 그녀는 여전히 그런 소통을 하고 있다. 이렇게 한 가지를 탁월하게 하는 사람들은 뜰 수밖에 없고, 한 사람의 시간과 노력과 진심이 투명하게 보인다면 사람들의 마음은 움직일 수밖에 없다.

자기만의 스타일로 하되 상투적인 인사말이 되지 않도록 웃으면서 안부를 건네는 마음으로 소통을 시작하면 된다. 한두 번에서 그치는 것이 아니라 여러 번 의미 있는 소통을 해 본다.

온라인은 직접 얼굴을 맞대고 이야기하는 것이 아니라 아이디나 닉네임만으로 만나기 때문에 한 사람을 머릿속에 각인하기란 쉬운 일이 아니다. 그렇게 여러 번을 반복해야 비로소 상대와 나의 소통이 일어난다.

나의 경우에는 소통에 긴 시간을 쏟지 못한다. 대개 피드를 올리기 전 30분 또는 올리고 난 후 30분 정도 소통을 하는데, 그때 상대방의 닉네임이나 이름을 언급하며 댓글을 달려고 한다. 기계적인 답을 하는 게 아니라 '내가 당신을 기억하고 있어요'라는 의미로 이름을 부른다. 이것의 효과가 얼마나 큰지는 모르겠지만 그게 SNS를 종일 붙잡고 있지 못하는 내가 할 수 있는 최선의 마음이다.

나는 SNS로 나 자신을 찾은 엄마이기 이전에 세 아이의 엄마라서 할 수 있는 '선'이라는 것이 있다. 애쓰지 않고 할 수 있는 만큼 최선을 다하는 것. 나는 늘 이것을 원칙으로 삼고 사람들과 소통하고 있다.

가끔 돈을 주고 '좋아요'나 팔로워를 사는 사람들이 있다. "뭘 그렇게까지 하겠어요?"라고 말하지만 그런 사람들이 의외로 많다. 특히 인스타그램으로 장사를 해야 하는 사람일수록 쉽게 그런 유혹에 빠진다. 빨리 나만의 성을 일구고 싶은 마음 때문이다.

그런데 그렇게 돈으로 산 사람들은 나와 소통할 마음이 없다. 나의 이야기에 관심도 없다. 내가 무슨 글을 쓰든 반응이 없다. 당연히 내가 파는 물건에도 관심이 없다. 유령을 잔뜩 데리고 있는 셈이다. 쉽게 일군 성은 쉽게 무너지듯 노력 없이, 소통 없이 만들어낸 SNS 계정은 조금만 잘되지 않아도 금세 흥미를 잃게 된다. 그래서 우리에게 필요한 것은 시간과 끈기 그리고 진심이다.

나는 의미 없는 숫자를 늘리려고 애쓰기보다 매일 10명씩 나와 관심 분야가 비슷한 친구를 찾아보자는 마음으로 관계를 넓혔고, 지금도 그렇게 하려고 한다. 그리고 사람들과 꾸준히 소통하면서 나의 프로젝트에서도 소기의 성과를 거두고 있다. 의외로 팔로워

숫자는 중요하지 않다. 그들과 얼마나 긴밀하게 연결되어 있느냐가 더 중요하다.

　SNS는 사람들과 대화를 이끌어 가는 힘으로 확장된다. 나의 이야기만 쉴 새 없이 떠드는 것이 아니라 질문하고, 공감하고, 안부를 물으면서 소통할 수 있는 여지를 주는 것이다.

　얼굴이 보이지 않는 세계에서 내가 건넬 수 있는 따뜻함이 있어야 한다. 이것이 잘되어야 우리의 SNS에는 타인과 이어질 연결 고리가 생긴다.

　기억해야 하는 건 딱 하나다. 양보다 질. 다시 말해 '사람과 사람 사이의 진심'이다. 먼저 다가갈 때도, 다가온 사람을 맞이할 때도 오프라인에서 사람을 만나고 대하는 것처럼 진심으로 소통하는 것이다. SNS의 소통은 그것이 전부다.

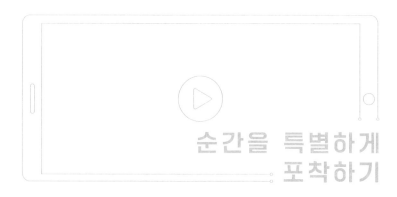

순간을 특별하게
포착하기

　인스타그램을 시작하려고 할 때 가장 먼저 드는 고민이 뭘까? 사진에 대한 고민이다. 어떤 사진을 어떻게 찍을지 고민하기도 전에 "나 사진 잘 못 찍는데"라는 말이 대번에 나온다. 그러고 보면 말이라는 것이 우리를 여러 형태로 옭아매고 있는 게 아닐까 하는 생각이 든다. 나도 손으로 하는 것들을 해야 할 때 "나 똥손이라 이런 거 못하는데"라는 말을 자연스럽게 한다. 뇌를 거치지 않고 나오는 말일 경우가 있다.

　그 말을 잘 들여다보면 결국 내가 생각하는 기준치에 달할 만큼 할 수 없을 것 같은 두려움을 은근슬쩍 흘리거나 혹은 하고 싶지 않은 일이라는 은연중의 거절, 이 둘 중 하나일 가능성이 크다.

나의 경우는 대부분 전자일 때가 많다. 손끝이 야물지 못한 내가 뭔가를 시작해야 할 때 기대한 만큼 할 수 없어서 실망할까 봐 지레 나를 위한 방어막 하나를 만든다. "재밌겠다", "기대돼"라는 말로 시작한다면 똥손이라고 고백했을 때보다는 좋은 결과물을 얻을 수 있지 않을까. 이런 생각을 하지만 쉽지는 않다.

엄마는 아이가 태어났을 때부터 지금까지 줄곧 애정을 담아 카메라를 들이댄 경험이 있다. 이 귀여운 피사체를 어떻게든 카메라 안에 담고 싶어서 이리저리 자리를 바꿔 가며 찍어 본 경험. 그 경험을 다시 떠올려 본다. 다른 사람들은 다 못 알아듣지만 엄마만 알 수 있는 불분명한 발음으로 더듬더듬 대화를 시작했을 때, 나만 보면 세상 천사 같은 미소를 얼굴 가득 담았을 때, 어디선가 흘러나온 트로트에 갑자기 엉덩이를 흔들며 춤을 췄을 때 등등. 지나고 보면 다 애틋한 시절이다.

그 순간을 귀신같이 포착했던 엄마의 마음. 뭘 올려야 할지 모르겠다는 사람들에게 "내가 가장 좋아하는 것을 카메라에 담아 보세요"라고 말한다. 내 애정을 고스란히 담은 것, 렌즈를 바라보고만 있어도 저절로 흐뭇한 미소가 지어지는 것, 다른 누군가에게도 보여 주고 싶은 사랑스러운 것. 이런 것들부터 사진에 담아 본다.

'나에게 소중한 것' 목록을 한번 적어 볼까? 아이에 대한 것은 차고 넘친다. 웃는 얼굴, 화난 얼굴, 코 잠든 얼굴, 하나하나 다 너무 소중하다. 아이를 제외하고 내가 사랑하는 건 무엇일까? 자다가 막 깨서 본 창문 밖 풍경, 현관문을 열고 나갔을 때 마주하는, 사랑하는 지인이 선물한 노란 파라솔, 혼자 카페에서 글을 쓰는 시간, 지금 읽고 있는 책, 그리고 환하게 웃고 있는 내 얼굴 같은 것이다.

일단 내가 사랑하는 것들, 꼭 사물이나 사람이 아니더라도 특정한 시간대의 풍경이나 예쁜 카페의 외관이나 종종 나를 설레게 하는 것들을 카메라에 담는다. 아무리 사진 촬영 실력이 없어도 내가 애정을 가지고 있는 것들을 찍을 땐 그 마음이 고스란히 담긴다. 그래서 나는 똥손이지만 열심히 그 마음을 담아 보려 한다.

좋아하는 사람과 먹는 음식은 맛도 그렇지만 그때의 분위기 때문에 더 좋게 기억되는 때가 있다. 음식 사진을 찍더라도 음식에만 집중하기보다는 그때의 분위기와 함께한 사람이 담긴 사진을 찍으려고 한다. 그럼 그 시간을 더 오래 기억할 수 있게 된다.

"나 사진 찍어야 해. 먹지 마!"

이런 걸 주객전도라고 해야 할까? 내가 처음 SNS를 시작했을 때 많이 했던 실수다.

"엄마 아직 사진 못 찍었는데 먹으면 어떡해?"

이런 철부지 같은 소리를 했었다. 지금 함께 밥을 먹는 너와의 시간을 소중히 여기는 나의 마음을 기록하려는 것인데…. 이런 마음을 잊지 않기. '이 음식을 아주 맛깔스러워 보이게 찍어서 음식점을 홍보해 줘야지'가 아니라는 것을 기억하기.

가끔 나는 애정이 넘쳐도 상대가 내가 원하는 사랑을 주지 못해서 관계가 어긋날 때가 있다. 나는 남편이 찍어 주는 내 사진을 참좋아했다. 남편 사진 속 나는 그렇게 싱그러울 수가 없었다. 요즘엔 남편이 내 사진을 찍어 줄 때마다 애정을 좀 담아서 찍어 주면안 되냐며 타박하곤 한다. 다리가 나오는 사진을 싫어하는데 자꾸전신 숏을 찍는다든가, 방긋 웃는 얼굴을 원하는데 풍경 속에 묻혀표정도 안 보이는 사진을 찍는다든가, 관심이 있으면 알 수 있는것들을 전부 놓친 사진을 볼 때이다. 사랑을 괜스레 의심하게 되는순간이다. 그런 오해를 피하기 위해 애정을 담은 대상이 예쁘게 나오도록 기본적인 몇 가지를 알고 있으면 좋다.

우선 카메라의 톱니바퀴 모양의 설정을 누르면 [수직/수평 안내선]이라는 것이 있다. 이 설정을 켜 두면 카메라 화면에 아홉 칸의격자무늬가 보인다. 이 선에 맞춰서 찍으면 웬만한 사진은 그럴싸하게 보인다. 수평만 맞아도 아마추어가 찍은 것처럼 보이지 않는다. 사진에 따라 피사체를 가운데 혹은 양 옆에 두고 찍으면 좋다.
하나 더 추가하자면, 여백이 필요하다. 여백이 있을수록 내가 '애정' 하는 대상에 집중하게 된다. 특히 인스타그램의 경우 한 화면에아홉 개의 사진이 다닥다닥 붙어서 보이기 때문에 한 컷에 많은 내용이 담겨 있으면 전체적으로 피로감을 줄 수 있다.

사람이든 사진이든 적당한 공간이 있어야 아름답다. 숲에서 사진 찍는 걸 좋아해서 한동안 숲 사진을 많이 올렸는데, 편안함을 전하고 싶어 찍은 사진에서 오히려 피로감이 느껴졌다. **빽빽한 나무에는 여백이 없어도 너무 없었다.** '내가 제일 잘 찍을 수 있는 사진인데…' 하고 시무룩해질 때쯤 다른 분의 인스타그램을 보고 알았다. 하늘이 여백의 미를 줄 수 있다는 것을.

사진을 잘 찍고 싶으면 다른 사람이 찍은 사진도 많이 보고, 나도 많이 찍어 보면 된다. 자연스럽게 조금씩 시도하다 보면 내 스타일이라는 것이 생길 테니까.

여기에 조금 더 욕심을 내 볼까? 스튜디오 홍보 영상을 보면 자연광이라는 걸 내세우는 곳이 꽤 많다. 조명이 아무리 좋아도 햇살을 담은 것만큼 예쁜 사진은 없다. 조명이 만드는 그림자는 지우고 싶지만, 햇살을 통해 생긴 그림자는 그 나름의 멋이 있다. 햇살이 커튼의 물결을 고스란히 담은 그림자를 보여 줄 때, 바로 그 시간 그 아래에 책을 두고 사진 찍는 걸 좋아한다. 이렇게 자기만의 장소와 시간을 정해 두면 비슷한 듯 다른 나만의 사진을 만들어 낼 수 있다.

수평 맞추기, 여백, 자연광, 이 세 가지만 기억해도 몹쓸 사진은 나오지 않는다.

우리는 대부분 비슷비슷한 일상을 살아간다. 그 평범한 날들 가운데 내 마음을 잠깐 툭 건드리고 가는 순간들이 있다. 그 순간을 놓치지 않는 일, 평범한 하루 중에 특별한 1초를 포착하는 일, 그 때문에 사진을 찍고 SNS를 한다.

누군가는 여행지에서 만나는 감동적인 순간에 카메라를 들이미는 것을 비난한다. 사람마다 감동의 포인트는 다르기에 그 말에 반박하는 건 아니지만 감동의 순간을 남기는 것도 의미 있는 일 아닐까. 누군가에게 보이기 위해서가 아니라 지나고 나면 잊어버릴 감동을 기록하는 마음으로 말이다.

필름 카메라를 사용하던 시절과 달리 수천 장의 사진을 찍고 지울 수 있는 시대가 되었다. 무의미한 사진만 잔뜩 찍어 카메라 안에 담아 두는 것은 분명 경계할 일이지만, 마음을 담은 사진을 차곡차곡 SNS에 기록하는 것은 지금을 살면서 동시에 미래의 어느 날 나에게 줄 선물을 준비하는 과정이라고 믿는다.

나라는
사람의 필터

　사진 이야기가 나왔으니 더 이야기를 해 보자. 요즘엔 사진 보정
어플도 많고, 스마트폰 자체 필터도 잘되어 있다. 어떤 장면을 찍
을 때 피사체 자체나 각도, 빛의 양 같은 것도 중요하지만 후작업
도 꽤 중요하다.

　나 같은 경우는 따스한 느낌이 나는 웜 톤의 사진을 좋아한다.
그래서 [따뜻한] 느낌의 필터를 씌워서 사진을 찍거나 수정할 때 사
진의 온도를 높인다. 사진 설정에 보면 채도, 명도, 대비, 온도 등을
조정하는 것이 있다.

　쿨 톤의 사진을 좋아하는 사람도 있다. 차갑고 세련된 느낌을 중

요하게 생각하는 사람들이다. 굉장히 선명하고 원색 톤의 사진을 좋아하는 사람도 있고, 뭔가 물기를 머금은 것 같은 흐린 사진을 좋아하는 사람도 있다. 매번 같은 톤으로 맞출 수는 없지만 전체적으로 사진들의 톤을 맞춰 가다 보면 사진에서 느껴지는 그 사람만의 분위기를 찾을 수 있다.

카메라 렌즈를 통해 그리고 보정이라는 후작업을 통해 같은 사진이라도 다른 느낌을 주는 것, 그것을 우리는 '필터'라고 부른다. 카메라의 필터를 좀 더 확장해 보면 '나만의 시각, 나만의 색깔, 내 눈으로 보는 세상'을 이야기할 수도 있다. 이것이 SNS에서 중요한 '나라는 사람의 필터'이다.

네이버 블로그가 상업적이라며 많은 사람들이 떠나던 시기가 있었다. 검색 창에 특정 맛집을 검색했을 때 같은 메뉴와 같은 설명의 나열을 보게 되는 것이다. 마치 한 사람이 사진과 글을 나눠 줘서 여러 사람이 올린 것 같은 느낌이다.

우리는 같은 장소에 가서 같은 음식을 먹더라도 모두가 다른 경험을 하게 되는데 어째서 모두 비슷한 글을 적게 되는 것일까. 나라는 사람이 빠지고 '정보'에만 초점을 맞췄을 때 무색무취의, 이것도 저것도 아닌 글만 남는다. 눈살 찌푸리게 만드는 광고만 잔뜩 있는 것이다.

소위 블로그를 잘한다는 사람의 포스팅을 유심히 지켜본 적이 있다. 하루에도 수천 명이 다녀가는 그 SNS를 본 내 느낌은 '와! 엄청난 광고판이다'였다. 그의 SNS는 스타벅스이자 이케아였고, 삼성전자였다.

이게 대체 무슨 말일까? 정보를 제공하는 최적의 홍보 SNS일지는 모르지만 그 안에 그 글을 쓰고 있는 사람은 보이지 않았다. 협찬도 받고 광고 수익도 생기니 블로그를 통해 소소한 돈은 벌 수 있겠지만 이건 내가 원하는 SNS는 아니었다.

'그러면 나는 어떻지?' 하고 내 블로그를 살펴보았다. 그제야 나의 문제점을 찾았다. 그의 SNS가 특정 제품의 홍보판이었다면 나의 SNS는 자물쇠를 열어 놓은 일기였다. 누구도 궁금해 하지 않을 지극히 사적인 이야기, 오롯이 나에 의한, 나를 위한 넋두리만 있었다. 마치 너에게 정확하게는 알려 주지 않을 건데, 난 이런 사람이라고 으스대기만 하는 빈껍데기 같은 글만 있었다.

혼자 얼굴이 벌게졌다. 문제점은 알았는데 그럼 어떻게 SNS를 해야 하는 걸까? 그때부터 시작된 고민은 책을 쓰는 지금까지 이

어져 왔다. 그리고 내가 찾은 나름의 해답은 바로 '세상과 나의 교집합 찾기'였다.

세상이 원하는 것과 내가 이야기하고자 하는 것, 그 사이 어딘가에서 나의 색깔을 지키면서 세상의 언어로 소통하는 일. 바로 세상과 나의 교집합을 찾는 일이었다. '세상이 뭘 원하든지 말든지 My way, 난 내 갈 길을 가련다'라는 생각으로 SNS를 한다면 마치 무인도에 고립된 것 같은 느낌일 수 있다.

만약 여전히 아무도 방문하지 않는 SNS를 앞에 두고 이걸 계속해야 하나 말아야 하나를 고민하고 있다면 한 번쯤 시도해 보자. 크게 양보해서 세상이 원하는 글을 써 보는 것이다. 다만 내 필터로 내 시선이 담긴 글을.

나는 보통 카페에서 글을 쓸 때가 많다. 카페에서 글 쓰는 사진 몇 장과 함께 그날 글을 쓰면서 느꼈던 감정들을 많이 털어놨었다. 그런데 생각을 조금 바꾼 후로 카페에 대한 정보도 담기 시작했다. 글 쓰는 사람이라는 정체성을 잃지 않은 채 사람들에게 카페의 특징을 알려 주고자 했다.

예를 들면 A카페는 우리 집에서 가장 가까이에 있다. 책상의 높이나 분위기가 글쓰기에 꽤 적당한 곳이라 자주 찾는다. 그런데 여름 시즌이 되면 난 그곳에 가지 않는다. 마당이 넓고 계곡과 붙어 있는 카페는 여름이 되면 가족 단위로 물놀이를 하러 오는 사람들이 많다. 대신 사람들에게 물놀이하기 좋은 카페로 소개한다.

B카페는 사실 그다지 특색이 없다. 오히려 가게도 작고 테이블도 좁아서 글을 쓰기에는 그리 안성맞춤은 아니다. 그런데도 이곳을 자주 방문하는 이유는 남한산성 물가에 비해 커피 값이 저렴하고, 주차가 힘든 위치임에도 큰 주차장을 가지고 있어서다. 그래서 등산객이 몰리는 계절에 주차하기 힘들 때 이 카페를 이용하면 주차도 쉽게 할 수 있고, 저렴하지만 맛있는 커피 맛도 볼 수 있다고 소개한다.

카페를 선택하는 나의 기준은 이곳을 방문하는 다른 사람들에게도 도움이 되는 정보다. 이전엔 '나 이런 멋진 곳에서 글 써요'라는 자랑질 같은 사진과 글쓰기의 단상 같은 오글거리는 문구 몇 개를 남겼다면, 이제는 글 쓰는 사람이 선택하는 카페라는 구체적 정보를 담은 글을 쓰게 된 것이다.

평범한 정보도 나라는 사람의 필터를 거치면 특색 있는 정보가 된다. 이 전제가 가능하려면 나라는 사람의 필터가 특색이 있어야 한다. 나는 뭘 좋아하는 사람인지, 나는 어떤 것에 가치를 두는 사람인지, 이런 나의 경향이나 취향을 정확하게 알고 있으면 사진을 찍을 때도, 글을 쓸 때도 드러난다.

결국 필터를 만드는 일부터 시작이다. 내가 중요하게 생각하는 가치가 드러나면 되는 일이다. 사람을 만나면 항상 SNS에 시를 쓰는 작가가 있다. 아무리 핫한 장소에 가도 그 사람의 SNS에는 늘 그곳에서 만난 사람의 사진과 그때의 마음이 담긴 시가 있다. 그에게는 물리적인 장소보다 자신과 함께 이야기를 나눈 상대가 더 중요하다.

이렇게 '누군가와 보낸 시간과 마음'도 나의 필터가 된다. 함께한 사람의 환하게 웃는 얼굴, 그 사람과의 대화를 짤막하게 담는 것으로 사람들은 느낀다. '이 사람과 친해지고 싶다.' '이 사람과 친해지면 나도 이렇게 소중히 대해 줄까?' 결국 필터라고 하는 것은 내가 좀 더 가치를 두는 대상이다.

지금부터 차근차근 떠올려 보자. 내가 아이와 함께 가는 곳을 정할 때의 기준, 내가 선택하는 메뉴의 기준, 내가 좋아하는 브랜드의 기준, 내가 특별히 아끼는 물건의 기준 등등. 이런 것들을 한 번도 생각해 보지 않았던 사람들에게는 사실 굉장히 피곤하고 머리 아픈 일일 수 있다. '기준? 기준이 어디 있어? 그냥 사람들이 좋다니까 가는 거고, 많이 팔리는 거니까 사는 거지. 나의 취향은 대중적인 거야' 할 수도 있다.

그런데 SNS를 한다는 것은, 결국 소비가 아닌 생산을 한다는 것이고, 누군가를 따라 하는 것이 아닌 나만의 특별한 기준이 있다는 것이다. 그러니 지금부터라도 나의 기준을 하나씩 찾아보자.

장강명 작가의 『책, 한번 써봅시다』에 보면 당신이 좋아하는 다섯 번째 영화에 대해 써 보라는 글이 나온다. 다섯 번째 영화에 대해 쓰려면 네 번째까지의 영화가 나와야 하고, 좋아하는 이유를 찾아야 하고, 그러다 보면 내가 어떤 취향을 가진 사람인지 알아 가게 된다. 나의 '최애'는 쉽게 고를 수 있을지 모르지만 애매한 다섯 번째 같은 것은 정확한 이유를 찾기 힘들다. 나도 이 소재로 글을 쓰다가 포기한 기억이 있다. 이런 생각들을 반복하다 보면 나라는 사람을 알게 된다.

'인스타그램 보니까 거기가 좋다더라'라고 생각했을지 모르지만 분명 그 수많은 정보 중 그곳이 눈에 들어온 이유가 있을 테니 잠시만 이 머리 아픈 일을 해 보자. 내 모든 선택의 기준을 찾아보는 일이다. 그것이 바로 나라는 사람이 세상을 바라보는 눈이고, 내가 기록해야 하는 것들이다.

양질의 정보를 가지고 있는 사람이 있다. 글도 제법 쓴다. 가볍지 않은 문체로 진지하게 자신이 알고 있는 것을 나누기 위해 한 글자 한 글자 고심해서 쓴다. 세 시간에 걸쳐 고치고 또 고쳐 글 한 편을 완성했다. 글을 올리고 난 뒤에도 몇 번씩 곱씹어 읽어 본다. 중간 중간 오탈자가 보이면 수정을 거듭하며 제법 만족스러운 웃음을 짓는다.

자기만족도 잠시, 글을 올리고 한참 시간이 흘렀는데도 여전히 누군가 읽은 흔적이 없다. '왜 아무도 내 글을 읽어 주지 않는 거지?' 갸웃하는 사이 SNS를 함께하는 이웃 한 명은 대충 찍은 사진 여러 장과, 검색하면 충분히 나올 만한 감상 몇 개로도 조회 수가 엄청난 걸 보았다. 내가 들인 시간이 허무할 만큼 아무 반응이 없는 SNS, 그냥 때려치울까?

SNS를 하다 보면 누구에게나 일어나는 일이다. 쉽게 툭툭 올리는 사람들은 잘만 성과가 나오는데 왜 나는 이렇게 어렵고 힘들까? 왜 내 글을 아무도 읽어 주지 않을까? 저들이 이야기하는 정보보다 내 정보가 훨씬 고급 정보인데 사람들은 왜 그걸 모르는 걸까? 세상 억울한 마음이 들었다면 잠시 멈춰 내 글을 객관적으로 바라보자.

• 독자 입장에서 쓰인 글인가요? •

얼마 전 인스타그램에 오케스트라의 공연 연습 영상이 올라왔다. 본인이 어떤 곡을 연주하고 있는지, 그리고 그 연주가 얼마나 감미롭고 감동적이었는지를 쓴 짤막한 글과 함께. 그 글은 짧지만 글쓴이의 마음이 잘 담겨 있었다. 참가비는 전액 기부한다고 쓰여 있었다. 거리가 멀어서 가지는 못하지만 기부에 동참하고 싶다는 마음이 들었다. 참가비가 얼마인지, 어떻게 신청을 해야 하는지, 어디에 기부하는 건지 찾아보니 정보가 없었다. '댓글을 달아서 물어볼까?' 싶었지만 이내 지나쳤다. 그 정도로 시간을 들일 만한 일은 아니었나 보다.

대부분 일을 하다가 잠시 짬이 생겼을 때 SNS를 살펴본다. 스치 듯 글을 보면서 없는 정보를 살펴 액션을 취하기란 쉽지 않다. 한눈에 알아볼 수 있는 친절한 설명이 있고, 한 번의 클릭으로 얻고자 하는 것을 얻을 수 있어야 그나마 보는 이로 하여금 행동을 하게 할 수 있다.

만약 사람들의 마음을 움직여 참여를 유도하려고 했다면 독자 입장에서 정보를 자세하게 써 줄 필요가 있다. 물건을 팔 때만이 아니라 내가 세상과 소통할 때도 이런 디테일은 필요하다. 오롯이 내 입장에서, 내 기분대로 쓰는 것이 아니라 이 글을 읽는 상대의 입장에서 상대가 궁금해 할 만한 것을 친절하게 보여 주는 것만으로도 공감을 일으킬 수 있다. 힘들게 쓴 글에 다른 사람을 위한 배려 한 스푼을 넣어 보자.

　아무리 독자 입장에서 친절한 글을 썼다 하더라도 누군가 내 글을 읽어 줘야 공감도 일어난다. 하지만 슬프게도 우리가 올린 글 대부분은 사람들에게 미처 닿지도 못한 채 사라진다. 글이 독자를 만나지 못하면 무슨 소용이 있을까. 만약 SNS가 온라인 세상의 집이라면 손님맞이를 할 수 있도록 현관문을 열어 두어야 한다. 세상으로 통하는 출구가 필요하다. 그것이 바로 키워드다.

　처음 블로그를 쓸 때 제목 다는 일이 그렇게 어려울 수가 없었다. 열심히 머리를 쥐어짜서 제목을 만들고 포스팅을 했지만 조회 수는 오르지 않았다. 검색량도 적었다. 이제는 문제점을 안다. 나는 글의 제목을 쓸 때 정확한 단어로 내가 하고자 하는 말을 표현하지 못했다. 정작 내가 찾고자 하는 정보를 검색 창에 쓸 때는 명확한 단어를 쓰면서 내가 쓰는 글의 제목은 늘 애매하고 감성적인 단어를 쓰기 바빴다. 정보를 드러내는 제목은 상업적이고 나의 정체성을 망친다는 고집을 피웠다. 어떤 글인지 알 수 없는 추상적인 단어들을 적어 놓기 일쑤였다.

　블로그도 그렇고 인스타그램도 그렇고 SNS는 키워드의 비중이

크다. 사람들은 키워드나 키워드가 담긴 해시태그로 검색을 한다. 이를 무시하고 내가 원하는 표현만 쓴다면 그것은 현관문을 닫아 놓고 일방적으로 글만 토해 내는 일이 된다.

그렇다면 키워드는 어떻게 찾을 수 있을까? 블랙키워, 웨어이즈 포스트, 키워드마스터 등 여러 가지 키워드 검색 사이트가 있다. 나는 보통 블랙키워 사이트를 이용하는데, 가장 직관적으로 이해하기 쉬워서다. 나의 언어가 아닌 사람들이 검색하는 언어를 살펴보고 그 언어로 제목을 만들면 현관문을 열어 놓은 효과를 얻을 수 있다.

해시태그는 내가 올린 게시 글과 관련 있는 키워드를 꼬리표처럼 달아 주는 기능이다. 그럼 어떤 해시태그를 써야 할까? 내 게시 글과 관련 있는 해시태그가 대체 뭘까? 이 부분은 인스타그램을 즐겨 하는 사람도 쉽지 않다. 처음 시작할 때 해시태그를 쓰는 게 어려운 건 당연하다. 그럴 땐 스트레스 받으며 쥐어짜 내려고 하지 말고 나와 비슷한 이야기를 올리는 사람들이 어떤 해시태그를 쓰고 있는지 살펴보거나 네이버에 관련 해시태그를 검색해 볼 수도 있다.

아이와 관련된 이야기에 해시태그를 달려고 한다.

#육아 #육아스타그램 #육아소통 #4세맘 #5세맘 #울아기 #딸스타그램 #아들스타그램 #자매스타그램 #키즈스타그램 #육아그램 #육아기록 #육아일기 #육아맘 #초등맘

이런 종류의 해시태그를 달 수 있다고 할 때 이걸 그대로 복사해서 붙여 쓴다고 검색이 잘될까? 인스타그램은 해시태그를 입력할 때 그 해시태그의 게시물 숫자를 옆에 보여 준다. 너무 '큰' 해시태그(10만 이상)는 한두 개 정도만 사용하고 작은 해시태그부터 써 보면 좋다.

작지만 뾰족한 지역 해시태그를 시도해 보는 것도 좋다. 그것들을 적절하게 10~15개 정도 넣으면 어디에선가 걸린 독자가 나를 찾아올 수 있다. 주의할 점은 이 작업이 귀찮다고 복사, 붙여넣기를 반복해선 안 된다는 것이다. 그럴 경우 인스타그램 자체적으로 스팸으로 분류하여 노출되지 않을 수 있다. 나만의 해시태그 모음을 몇 개 만들어 두고 번갈아 가면서 사용해 보면 좋겠다.

이렇게 사람들이 검색하는 해시태그에 내가 만든 나만의 해시태그를 적절하게 보태면 개인 브랜딩에도 도움이 된다.

#글쓰고노래하는엄마 #나날작가 #엄마브랜딩

내가 즐겨 쓰는 해시태그다. 검색을 위해서라기보다는 사람들에게 스며들 듯 내가 추구하는 가치를 보여 주는 것이다. 이런 해시태그는 육아, 취미 생활, 사이드 잡 등 어떤 게시 글에 붙여도 나를 드러내는 도구로서의 역할을 톡톡히 해낸다.

세 아이를 키우는 엄마이면서 엄마라는 이름으로 좋아하는 것을 해 나가는 발자취를 담은 기록이 누군가에게 희망이 되기를 바라는 마음이다. 엄마이기에, 엄마여서 할 수 있는 일이 많아지는 그날까지 엄마 브랜딩을 놓치지 않겠다는 내 다짐이기도 하다.

아무도 보지 않는 SNS라고 지레 포기하지 말자. 세상으로 통하는 출구를 스스로 잠가 놓고 하염없이 있지는 않은가. 지금 내 계정을 살펴보는 일부터 시작해 보자. 문을 활짝 열어 놓는 것부터가 시작이다.

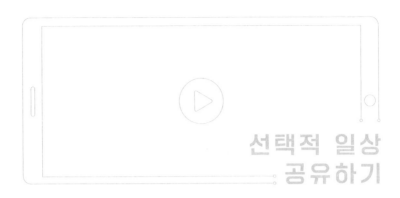

선택적 일상
공유하기

당신은 어떤 사람이 되고 싶은가?

'무엇이 되고 싶은가?'

'어떻게 살고 싶은가?'

나는 이 생각을 끝없이 하는 사람이다. 20대에 끝날 것 같았던 이 고민을 마흔이 다 된 지금까지 하고 있다. 어쩌면 그때보다 더 치열하게 고민하는 나 자신을 마주할 때마다 삶의 방향을 찾고자 몸부림치는 내가 짠하기도 하고 기특하기도 하다. 이 포괄적이면서 애매할 수도 있는 질문에 답을 하기가 어려워서 질문을 바꿔 본다.

'어떤 사람으로 보이고 싶은가?'

이것은 어쩌면 앞으로 살아가고자 하는 방향에 대한 물음이다. 가식적인 모습이 아니라 내 삶의 지향점 말이다. 그렇게 살고자 하는 마음 말이다.

"저 엄마는 애가 셋인데도 참 자유로워 보이네."

내가 듣고 싶은 말은 이런 거다. 무언가에 갇혀서, 또는 규정된 채로 살지 않아도 되는 자유를 누리고 싶다. 사회적 성공을 좇기보다는 내가 옳다고 생각하는 방향으로 저벅저벅 나아가는 모습으로 살고 싶다. 이것은 내 모든 선택의 기준이 되기도 한다. 그것을 SNS에 드러내고자 한다.

그러나 SNS를 제대로 사용하지 않으면 내가 원하지 않는 모습, 내가 의도하지 않는 모습으로 기억되는 공간이 될 수도 있다. SNS를 하는 목적이 분명해야 하는 이유이다.

SNS를 시작할 때 가장 많이 하게 되는 실수가 어떻게든 빈 공간을 채워 넣고 싶은 마음에 자신의 하루 일과를 전부 기록해 버리는 것이다. 내가 오늘 무엇을 먹었는지, 누구를 만났는지, 어디에 갔는지 하나하나 세세하게 기록하는 것이다. 의미 없는 사진의 나열, 성의 없는 글, 이런 것들은 나의 무엇을 보여 주기 위함일까. 나의 무엇을 사람들에게 들려주고 싶었던 걸까.

빅데이터 전문가 송길영은 저서 『그냥 하지 말라』에서 "나의 기록물은 곧 내가 세상에 보여 주고 싶은 것들이며, 내가 표현하고 싶은 메시지가 된다"고 했다. 우리가 하는 모든 행동에는 이유가 있어야 하고, 그것을 설명할 수 있어야 한다는 말이다.

사실 365일 매일 24시간 동안 내 모든 행동에 대한 이유를 설명하기란 힘들다. 그럼 어디 숨 막혀서 살 수 있나. 그러나 우리가 SNS에 올릴 때는 WHY를 떠올려야 한다. 내가 하고자 하는 말을 기록에 담아낼 수 있어야 한다. 담아낼 수 없는 글은 과감하게 버려도 좋다.

남편과 아이들과 야외로 나들이를 갔다. 날씨도 좋고 바람도 좋은 날, 아이들 사진도 찍어 주고 남편과 오랜만에 연인처럼 사진도 찍었다. 맛있는 것도 먹고 커피 한 잔의 행복도 즐겼다. 아 그러면 좋으련만, 지금 이 모든 순간을 즐기지 못하고 즉시 인스타그램에 올리느라 손가락이 바쁘다. 아이와 남편의 말은 들리지 않는다.

내 앞의 상대가 아닌 SNS 안의 사람들에게 집중하는 시간이다. 지금, 여기의 행복은 사라지고 인스타그램 안의 가짜 행복만 남는다. 가짜라고 단정하는 이유는 내 앞에 앉아 있는 사람에게는 그 시간이 즐거운 기억이 아니기 때문이다. 배려 없는 행동인 것은 둘째치고 그런 행동은 내 SNS에도 그리 좋은 영향을 주지 못한다.

그렇게 대충 휘갈겨서 즉각적으로 만든 게시 글은 보는 사람들에게도 어떤 영감이나 정보를 줄 수 없다. 아무도 쫓아오지 않는데 혼자 마음이 쫓겨 급히 올리고 나면 나중에 삭제하고 싶은 욕구가 올라올 때가 많다. 피드 안의 행복한 마음은 이미 퇴색되어 버린다. 혼자 있을 때 천천히 해도 늦지 않다. 지금은 내 앞에서 나를 보고 웃고 있는 상대에게 집중하자.

즉각적으로 피드를 만드는 것의 가장 큰 단점은 일상을 중구난방으로 기록하게 된다는 것이다.

아이가 등원하는 길에 뒤뚱뒤뚱거리며 가는 뒷모습이 귀여워서 사진을 찍고 즉시 그 사랑스러움에 대해 끼적일 수도 있지만, 그 순간을 그냥 사진으로만 남겨 둘 수도 있다. 그러다 어느 날 어느 때에 전업 맘으로서의 한계에 부딪히거나, 괜히 내가 한없이 초라해 보이는 날 그 사진을 꺼내 들 수도 있다. '네가 앞으로도 이렇게 자유로운 몸짓으로 살아갈 수 있도록 엄마가 여기서 포기하지 않고 자유로운 삶의 롤 모델이 되겠다'는 약속의 기록에 그 사진이 사용될 수도 있다. 때로는 조금 묵혀 둔 사진이 의미를 갖고 쓰일 수도 있다.

• 삭제할 것은 과감히 삭제하세요 •

기존의 내 기록을 살펴보는 시간도 필요하다. 내가 그동안 어떤 것들을 기록했는지 살펴보면 나의 관심사가 희미하게 보일 수도 있다. 유독 아이 사진을 올렸다거나 주로 아이와 함께한 활동을 기록했다면 요즘 내 최대 관심사가 '육아'라는 것이다. 그렇다면 나의 육아에 대해 지속적으로 이야기해 볼 수 있다.

단순히 '우리 아이 예쁘죠?'가 아니라 아이를 대하는 태도라든지, 육아를 쉽게 하는 아이템이라든지, 아이와 함께 하는 그림책 읽기라든지, 혹은 아이 키우는 집의 살림법이라든지 말이다.

'육아'에도 결국 내가 하고자 하는 말이 있다. 그걸 찾으면 된다. 그리고 그 사이사이에 섞여 있는 완전히 다른 맥락의 이야기들은 '비공개' 혹은 '보관하기'를 해 본다. 여러 가지 관심사에 섞여서 흐릿하게 보이던 나의 콘셉트가 뚜렷하게 보일 수 있다.

나는 '관종'이란 말을 좋아하지 않는다. 비난이나 비하의 뜻을 가지고 있어서라기보다 관심받고 싶은 사람이라는 단어에는 누군가의 선택을 기다리는 수동적인 존재라는 의미가 포함되어 있기 때문이다.

나는 무엇으로 기억되고 싶은가?
누구에게 무엇을 전달하고 싶은가?

이 물음은 능동적인 것이다. 타인의 시선을 신경 쓰며 하는 행위가 아니다. 나 자신, 내가 가진 것에 대한 주체적인 고민에서 나오는 질문이다. 질문을 잘해야 답이 잘 나온다고 하지 않나. 우리는 능동적, 주체적으로 위 질문을 스스로에게 던짐으로써 SNS에 무엇을 올릴지 선택할 수 있다.

SNS에는 이렇게 '내'가 선택한 일상을 올린다. 누군가에게 전달하고 싶은 내 삶의 방향에 따라 일상을 발췌하여 올리는 것이다. 관심받기 위해서가 아니라 나를 드러내기 위해서. 그 목적이 돈이든 꿈이든 무엇이든 간에 수동적인 이유가 아닌 자발적인 의지로 말이다.

의미 없는 일상을 나열하는 것이 아니라, 내 삶의 관점에 따라 내 스스로 일상을 선택하는 삶을 살아가기 위해 SNS에 기록한다.

하나를 해도
열을 한 것처럼

경험이 쌓이면서 특정 플랫폼을 어느 정도 익숙하게 다룰 수 있게 된다. 나의 경우는 시작이 블로그였다. 블로그를 능숙하게 사용하는 건 아니지만 게시물을 발행하고 이웃을 늘리고 이웃 블로그에 가서 소통하는 일을 어색하지 않게 할 수 있게 되었다.

이웃이 막 천 명 즈음 됐을 때다. 본격적으로 인스타그램을 시작했다. 블로그보다 좀 더 간편하게 피드를 올릴 수 있다 보니 그 매력에 폭 빠졌다. 어느 순간, 열심히 키워 놨던 블로그가 방치되었다.

아뿔싸! 그간의 노력이 수포로 돌아간 것 같았다. 그런데 사람 심리가, 그렇게 한 번 어그러지면 다시 시작하는 게 더 어렵다.

이런 시행착오를 겪을 때쯤 여러 가지 플랫폼을 균형 있게 운영할 수 있는 방법을 알게 되었다.

원 소스 멀티 유스(One Source Multi Use). 하나의 재료를 가지고 여러 곳에 사용하라는 말이다. 이 방법을 알게 된 후 신나서 Ctrl+C, Ctrl+V 하며 몇 개의 플랫폼에 복사해서 갖다 붙였다. 분명 들었을 땐 꽤 괜찮은 방법이었다. 그런데 이 방법은 SNS에서 제일 중요한 핵심을 고려하지 않았다. SNS는 소통과 상호작용이 일어나는 곳이라는 점이다.

각각의 SNS 플랫폼은 타깃이 분명 다르다. 여러 개를 동시에 사용하는 사람은 많지 않다. 그러나 그런 경우도 꽤 있다. 만약 내 팔로워가 된 이웃이 내 글이 좋거나 나에 대한 호감을 갖고 여러 플랫폼에서 동시에 내 팔로워가 될 경우 그 똑같은 게시물을 보고 '지루해' 혹은 '성의 없다', '보기 싫다' 등의 부정적 감정이 올라올 수 있다. 설상가상, 여러 플랫폼에 동일한 게시물이 반복적으로 올라오면 믿고 거르는 사람이 될 수도 있다.

이곳저곳에 올리는 모든 게시물을 시간과 정성을 많이 들여 만들어 낼 필요는 없지만, 시간과 에너지를 줄여 보겠다고 오히려 마이너스가 될 행동은 하지 않는 편이 낫다. 내가 여러 가지 플랫폼에

게시물을 올리면서 찾은 방법은 같은 '원 소스 멀티 유스'지만 조금 다르다. 각 플랫폼에 맞는 게시물로 적절하게 변형을 하는 것이다. 이 방법을 사용하면 쉽고 빠르게 SNS 플랫폼을 확장할 수 있으니 이 장을 넘기기 전에 각자 연습을 해 보면 좋겠다.

예시1

며칠 전 호되게 감기에 걸렸다. 약을 먹고 잠깐 누웠는데 나도 모르게 잠이 들었다. 놀라 깨 보니 다섯 살 막내가 어느새 내 옆에 누워 잠을 자고 있었다. 커튼 사이로 햇살이 비치는데 내 옆에 누워 세상 모르고 잠들어 있는 아이 모습이 너무 예뻐 사진을 찍었다.

nanal_dreamer 가끔 쉬어가도 괜찮아요 ✌

여느 때처럼 아이들과 하원해서,
도란도란 간식을 나눠 먹는 시간.
그 사이 집 문을 두드리는 친구들과
계곡에 간다며 뛰어나간 언니들.
오늘따라 왠일인지 따라가지 않는 막둥이.

쌀쌀한 날씨에 숲에서 노느라 추웠겠다며
따끈한 물에 목욕을 시키고
드라이기로 머리를 말려주는데,
아이의 머리가 꾸벅꾸벅 떨어집니다.
오랜만에 우리 낮잠잘까? 했더니
엄마랑 누울래, 하고는 이불을 덮는 꼬마
잠깐 누운 사이 저도 그만 잠이 폭 들었어요.

눈을 뜨니 보이는 이 따뜻하고 포근한 느낌
세상 편한 얼굴로 곤히 자는 아이의 얼굴에
바라보는 나까지 행복해지는 순간.
노곤해지는 시간을 즐기는 것도 필요해요.
어디 항상 달릴 수만 있나요.

물론 항상 지지지 않고 달리는 꼬마도 있네요.
이제, 에너제틱 두 언니를 찾아 나서 봅니다.
여러분도 쉼이 있는 오후 되세요 🛏

#일상나날 #나날생각 #낮잠 #낮잠자기좋은날 #39개월
#육아에세이 #쉬어가도괜찮아 #세자매일상 #세자매맘
#우리는숲에서살고있습니다 #1미터육아

① 아이 사진을 인스타그램에 올린다. 내 삶의 에너지가 되는 가족에 대한 이야기와 함께. 평소엔 낮잠도 안 자는 꼬마가 아픈 엄마가 걱정돼 옆에서 뒹굴거리다가 잠들었을 장면을 떠올리면서.

코로나와 편도염 증상 차이점

② 코로나19 증상과 목감기의 차이점에 대한 글을 블로그에 올린다. 코로나19 관련 증상을 적고 병원 진료 후기와 함께 언제 PCR 검사를 해야 하는지, 목감기에 좋은 차 같은 정보를 함께 올린다.

③ 만약 이 소재를 가지고 브런치에 글을 쓴다면 '소울 푸드'라는 글을 쓴다. 어릴 때 아프면 엄마가 항상 해 주던 음식. 그걸 먹으면 왠지 다 나은 것 같았던 어렸을 적 기분을 회상하며 엄마의 그 음식이 먹고 싶다고 써 본다.

하나의 소재를 가지고 각 플랫폼의 특성에 맞게 발행을 했다. '감기
에 걸렸다. 아파 죽겠네'가 아니라 감기 때문에 병원에서 불편을 겪
었던 에피소드와 가족에게 받은 위로, 그리고 생각나는 엄마 이야기
를 자연스럽게 발행할 수 있다.

예시 2

한 권의 책을 읽으면서 때때로 문장을 필사하고 그와 관련된 생각들
을 끼적거린다.

① 필사한 문장을 찍어서 인스타그램에 올린다. 캘리그래피처럼 예
   쁘게 써서 올릴 수도 있고, 글씨를 쓰는 영상을 찍어서 릴스(짧은
   동영상)로 올릴 수도 있고, 혹은 문장을 낭독해서 영상으로 올릴
   수도 있다.

② 이렇게 며칠에 걸쳐 한 권의 책을 읽은 뒤 블로그에 서평을 올
   린다. 인스타그램에 올렸던 사진이나 문장들을 첨부하면 금상
   첨화다.

③ 끼적거렸던 생각이나 느낌들을 하나의 주제로 엮어 한 편의 에세
   이를 쓰고 브런치에 올린다.

일상에서 겪은 하나의 소재를 가지고 사진, 정보, 글로 분류해서 플랫폼에 맞게 바꿔서 올린다. 이 행위를 반복하다 보면 글쓰기에 대한 두려움이 사라진다. 짧은 글부터 긴 글까지 글쓰기가 익숙해진다. 그것을 잘 쓰고 못 쓰고는 상관없이 '쓰기 근육'이 생긴다. 그러면 예시 2 처럼 다른 이의 책 한 권으로 시작하지만 나의 에세이까지 쓸 수 있는 내공이 생긴다.

이렇게 하나의 소재를 가지고 며칠에 걸쳐 반복적으로 다양한 플랫폼에 올리면 된다. 그러면 설사 같은 독자가 그것들을 보더라도 '똑같은 걸 반복해서 올렸네'라거나 '식상해', '성의 없어' 같은 반응을 하지 않는다. 각각의 내용이 특색이 있다 보니 같은 소재라는 것조차 알지 못할 수도 있다.

같은 책의 서평을 올릴 때도 블로그에는 나의 의견이나 고민의 지점까지 풀어내지만, 인스타그램에는 핵심만 요약해서 올린다. 플랫폼 자체의 특성도 있지만, 그 플랫폼을 사용하는 사람들의 성향도 일부 고려한 것이다.

짧지만 핵심이 있는 글을 좋아하는 사람들이 모여 있는 곳, 깊이 있는 생각을 듣고 싶어 하는 사람들이 모여 있는 곳, 단순히 독후감을 위한 서평을 찾아보기를 원하는 사람들이 있는 곳 등 딱 부러지게 나눌 수 있는 것은 아니고 정답이 있는 것도 아니지만, 보는 이들의 입장을 생각해 보며 여러 가지를 시도해 볼 수 있다.

원 소스 멀티 유스는 아이들이 클레이 놀이를 할 때와 비슷하다고 생각하면 된다. 한 덩어리의 클레이를 조물조물 만져서 다양한 모양을 만들어 내듯 하나의 소재로 다양한 글을 쓸 수 있다. 처음엔 해 본 적이 없고 서툴러서 뭉뚝하고 못생긴 작품이 나오지만 계속 조물거리다 보면 감이 온다. 완벽한 작품은 아니지만 제법 그럴싸한 모양을 만들어 낼 수 있다. 그때까지 꾸준히 연습해 보면 된다.

물론 이렇게 원 소스 멀티 유스를 사용하려면 우선 각 플랫폼에 대한 이해도가 어느 정도 있어야 한다. 그리고 그에 맞게 익숙하게 콘텐츠를 다룰 수 있게 되었다면 그때부터 시도하면 된다. 그러니 처음부터 여러 계정을 만들어 놓고 한 번에 시작하려는 열정은 내려 두길 바란다.

하나를 해도 열을 한 것처럼! 나의 일상을 부풀리는 것이 아니라 다양한 관점으로 재생산해 보자.

PART 3

온라인 생존기 A to Z

작심삼일의
반복

　나의 가치를 담은 별명을 만들고, 나를 드러낼 수 있도록 프로필을 정리하고, 가장 자신 있는 플랫폼에서 이웃(팔로워)을 늘리고, 사진을 찍는 법까지 알았다. 나만의 필터를 가지고 선택적 일상을 기록해 보기로 했다. 여러 개의 플랫폼을 운영하는 방법까지 알게 되었다.

　이제 남은 건 뭘까? 가장 중요한 것이 남았다. 그건 포기하지 않고 나의 기록을 지속하는 일이다. 꾸준하게 쉬지 않고 온라인 집을 탄탄하게 꾸리는 것이다. 아무리 방법을 잘 알아도 지속하지 못하면 무용지물이다. 내 기록이 쌓여 있지 않은 집은 아무 힘이 없다. 그렇다면 어떻게 꾸준히 기록을 지속할 수 있을까?

내가 3년간의 시행착오 끝에 찾은 방법은 '작심삼일의 반복'이었다. 그리고 이것만큼 긍정적인 방법은 알지 못한다. 한동안 글을 쓰겠다며 새벽 기상을 이어 가던 시절이 있었다. 올빼미형인 내가 새벽에 일어나는 것은 이전엔 꿈도 꾸지 못했던 일인데, 그때는 책을 써 보겠다며 새벽 기상에 도전했다. 일주일가량 새벽 기상을 지속하고 자신감이 머리끝까지 차올랐을 때쯤, 장렬히 실패를 하고 말았다. 깜짝 놀라 눈을 떠 보니 시간은 벌써 7시가 다 되어 가고 있었다.

'아뿔싸, 망했다! 내가 그럼 그렇지.'

한참 나 자신을 탓하다가 생각했다.

'매일 새벽 1, 2시에 잠들고 8시쯤 겨우 일어나던 내가 자그마치 일주일이나 새벽 5시에 일어났는데, 이게 정말 실패야?'

아니었다. 열심히 노력하는 와중에 잠시 삐끗했을 뿐 나는 이미 달라지고 있었다.

'작심삼일 반복하기'

내가 어떤 습관을 만들고자 할 때 항상 먼저 떠올리는 말이다. 사실 작심삼일이란 단어는 상당히 부정적이다. 마치 입이라도 달린 것처럼 '네가 그렇지 뭐, 별 수 있냐?' 타박하는 것 같다. 나는 오히려 '작심삼일'을 실패의 단어가 아닌 성공의 단어라고 생각의 전환을 해 보기로 했다. 3일 만에 실패, 4일 만에 실패, 심기일전했으나 5일 만에 또다시 실패했다고 치자. 실패가 아니다. 2일째 성공, 3일째 성공, 4일째 성공이다. 실패한 날보다 성공한 날이 더 많았다.

실패 경험이 늘어날수록 성공 확률도 높아졌다. 실패에만 집중할 땐 지레 포기하게 되지만, 성공에 집중하니 나는 조금씩 달라지고 있었다. 작심삼일을 반복하다 보면 꾸준히 성공 경험이 쌓일 거라는 확신이 들었다.

그래서 계획한 프로젝트가 '한 달 먼저 시작하는 2021년'이었다. 최근 '한 달 먼저 시작하는 2022년'도 성공리에 마쳤다. 연초가 되면 우리는 거창한 계획을 세운다. 새벽 기상, 다이어트, 영어 공부 등등. 여기에 SNS를 하는 사람이라면 매일 글쓰기가 포함되기도 한다. 블로그 1일 1포스팅, 인스타그램 1일 1피드 같은 걸 하겠다고 다짐한다.

그러나 대부분의 사람들이 얼마 가지 않아 실패하고 만다. 일주일을 채 버티지 못하고 허무하게 끝나 버린다. '나는 역시 안 돼' 자책이 시작된다. 호기롭게 시작한 연초의 계획은 금방 사라지고 우리는 이전과 똑같은 삶을 살게 된다. '나는 정말 의지박약'이라며 애꿎은 자신만 탓하게 된다. '그래, 그런 건 독한 애들이나 하는 거야.' 결론이다.

연초 계획은 왜 대부분 실패로 돌아갈까? 고작 숫자 하나가 바뀌는 걸로 수십 년간 몸에 밴 습관이 사라지지 않기 때문이다. 한 달 먼저 다음 해를 준비했던 이유는 몸과 마음을 세팅하는 시간이 필요했기 때문이다. 실제 함께했던 사람들은 이 프로젝트를 통해 계획했던 대로 한 해를 시작할 수 있었다. '작심삼일 반복하기'의 힘이었다.

· '함께'의 힘을 믿는다 ·

블로그 프로젝트를 할 때 가장 도움이 됐던 건 '함께하는 사람들의 힘'이었다. 나와 비슷한 엄마들 몇몇과 함께 SNS를 꾸려 가기 시작했다. 매일 기록하는 건 욕심이고, 일주일에 딱 두 개만 기록해 보자고, 그거라도 해 보자고 이야기했다.

분명히 언젠가 이 기록이 우리에게 의미를 가져다줄 날이 올지도 모르니까. 거기에 더해 수익이 날 수도 있고, 업이 될 수도 있으니까. "블로그 하는 방법 알려 드릴게요"가 아니라 "같이 써요. 제가 지치지 않도록 앞에서 끌어 줄게요. 제가 더디면 저도 좀 밀어 주세요." 딱 그 마음이었다.

의외로 '함께'의 힘은 강력했다. '내가 이걸 왜 쓰고 있나' 하는 허탈함이 찾아올 때 옆에도 그런 사람이 있다는 것이 꽤 위안이 될 때가 있었다. 서로의 실패와 성공이 혼재된 모임을 이어 가다 보니 매일 쓰기의 확률은 상향 평준화되었다.

리더의 역할은 그저 평균을 높이는 일이었다. 한 사람의 성공 경험을 늘리는 일. 그러면 대부분의 사람들이 평균을 맞추기 위해 움직인다. 결국 일주일에 한 개도 겨우 쓰던 사람들이 서너 개 정도를 쓰면서 이번 주는 아쉽게 실패했다는 이야기를 한다. 주변에 있는 사람들이 때때로 동력이 되는 순간이다.

블로그나 인스타그램을 하는 '방법'은 SNS에 대한 책 한 권을 꼼꼼히 읽으며 따라 해 보는 것으로 충분히 감을 잡을 수 있다. (제발 처음부터 큰돈 주고 SNS를 배우지 않았으면 좋겠다.) 하지만 방법만 안다고 SNS를 할 수 있는 건 아니다. 방법을 하나씩 적용하면서 꾸준하게 글을 쌓아 가는 것이 더 중요하다. 우리가 SNS를 하는 이유는 나만의 기록을 쌓고, 좋아하는 것과 잘하는 것을 찾고, 결국 나만의 무기를 찾아내기 위함이다. 경험해 보니 이를 위해 가장 중요한 것은 방법(How to)이 아니라 생존(Survive)이었다. 살아남기 위해 이어 간다는 그 꾸준함 말이다.

비교하지 말고
관찰하기

열심히 온라인 집을 꾸려 가던 사람들이 어느 날 갑자기 "야 그거 못하겠더라!" 하면서 앱을 삭제하게 되는 이유는 뭘까? SNS에서 나와 비슷한 사람들과의 소통을 늘려 가다 보면 평소엔 잘 모르던 이야기까지 너무 눈에 잘 띈다. 현실 세계에서도 이미 아이의 성적, 경제적인 격차 같은 것들이 때때로 우리를 분노하게 하고 아프게 한다. 그런데 온라인 세계는 내가 몰라도 되는 사람들의 행복까지 전부 흡수해 버린 것 같은 느낌이다. 그럼에도 이걸 지속해야 하는 이유가 있을까? 고민하게 된다.

얼마 전 지인이 그런 이야기를 했다.

"SNS는 시부모를 잘 만났거나 남편 잘 만난 사람이 하는 거야."

의문이 들던 찰나, 그녀는 말을 이었다.

"자랑해야 할 거 아니야, 받았다고!"

품, 그녀의 논리에 따르면 '내돈내산('내 돈 주고 내가 산 제품'의 줄임말)'이나 친정 엄마의 도움은 가여운 거지 자랑할 만한 게 아니고, SNS는 그렇게 내 의지가 아닌 얻어 걸린 것들을 자랑하는 공간이라는 것이다.

그렇게 생각할 수도 있겠구나 싶기도 하지만, 정작 내 주위에서 열심히 온라인 활동을 하고 있는 분들은 전혀 그렇지 않다. 그들에게는 내 손으로 일군 게 아닌 걸로 자랑하는 것이 더 창피한 일이다. 만약 지금 이 책을 읽고 있는 당신도 그런 오해를 하고 있다면 오늘부터 생각을 바꾸면 좋겠다. SNS는 내가 스스로 일군 것만 자랑하는 곳이다!

굳이 자랑질이 아니더라도 SNS에 '행복'이 가득한 건 사실이다. SNS만 보면 행복이 삶의 80%쯤을 차지하고 있는 것처럼 보이지만, 사실 그 절반도 채 되지 않는 날이 더 많다. 그런데 왜 SNS에는 그런 절망들이 보이지 않는 걸까? 정말 행복한 척하는 병에 걸린 사람들만 SNS를 하고 있기 때문일까?

나는 곧잘 그런 생각을 한다. 속상한 일을 들어주는 친구는 많지만, 기쁜 일을 함께 기뻐해 줄 친구를 찾는 건 쉽지 않다고. 불특정 다수가 있는 공간에 행복을 쏟아 내는 것은, 지금 너무 좋은데 딱히 말할 데가 없는 현대인의 외로움이 반영된 건 아닐까 하고.

이렇든 저렇든 SNS에는 내 마음을 불편하게 하는 것들이 자꾸 눈에 띈다. 어떻게 해야 할까?

· 상대를 객관적으로 관찰하자 ·

SNS를 하는 것이 괴로운 이유는 비교 때문 아닐까? 비교가 습관인 사람들은 시선이 오롯이 타인에게 가 있어서 정작 자기가 갖고 있는 많은 것들은 보지 못할 때가 있다. 어떤 상황에서도 내가 갖지 못한 것들에만 집중하다 보면 괜히 상대를 시기, 질투하게 되기 쉽다. 〈질투는 나의 힘〉이라는 영화가 있지만 질투가 에너지인 사람은 본인도, 그를 상대하는 타인도 서로 피곤하기만 하다.

비교는 다른 것과 견주어 판단하는 것이고, 관찰은 자세히 살펴보는 것이다. 비교와 관찰은 비슷한 듯하지만 완전히 다른 개념이다. SNS를 할 때는 비교가 아니라 관찰을 해야 한다. 상대의 어떤 점이 부러운지, 그 마음을 살펴보면 어쩌면 그것은 내가 이루고자 하는 것일지도 모른다.

단순한 자랑질들은 과감히 건너뛰고, 그들이 이룬 것이 부럽다면 어떻게 그걸 하게 되었는지 그 사람의 태도나 과정을 살펴본다.

자세히 들여다보면 부정적 감정이 생기기보다는 배워야 하는 목록이 추가될 수도 있다.

나의 경우엔 스스로 일궈 가는 사람에 대한 부러움 내지 존경심이 있다. 쉽고 빠르게 갈 수 있는 길이 있는데도 부딪치며 경험하고 하나씩 체득하면서 가는 사람. 내가 이런 사람을 좋아하는 이유는 대개 쉽고 빠르게 가는 길에는 '돈'이 수반되기 때문이다. 전업주부인 내가 자기 계발에 쓸 수 있는 돈은 한계가 있다. 비싼 강의를 들을 여건은 안 되니 책을 열심히 읽는 것인지도 모른다.

아무튼 나는 스스로 자신의 길을 일구어 가는 그들이 어떻게 그렇게 칠흑같이 어두운 시간을 혼자서 견뎌 냈을까, 도와줄 사람도 없는데 그 막막함을 어떻게 지나왔을까, 그런 것들을 찾아보는 편이다.

끝도 모를 정도로 막연하고 불안했던 시절을 지나고 또 지나 아주 깊은 동굴 속에서 한 줄기 빛을 찾아 나온 사람들을 보면서 나도 할 수 있다는 희망을 갖게 되곤 한다. '쟤는 뭔데 별것도 아니면서 저렇게 호들갑이야? 내가 훨씬 잘났는데…'라는 시선으로 그들을 바라봤다면 나는 여전히 같은 자리를 맴돌고 있었을 것이다.

엄마가 된 사람들은 자기만 멈춰 있는 것 같은 불안함, 초조함, 두려움을 필연적으로 가진다. 나 역시 그런 시간이 꽤 길었기 때문에 한동안은 SNS를 열 때마다 의기소침해졌다.

'거울에 비친 나는 이렇게 아줌마 같은데 왜 그녀들은 이렇게 아가씨 같을까?'

'나는 오늘도 버럭 화를 내며 아이를 어린이집에 보냈는데, 이 엄마는 어떻게 이렇게 상냥할 수가 있지?'

'이 집은 모델하우스처럼 왜 이렇게 깨끗한 거야?'

나의 상황과 비교하자면 끝도 없다.

다시 생각해 보면, 그 엄마도 내 상황과 비슷할 수 있다. 평소엔 늘 후줄근한 옷을 입고 있지만 나를 가꾸려는 마음으로 그날따라 옷을 차려입고 예쁜 사진을 찍었다든지, 비록 아이에게 화를 냈지만 그 뒤에 아이에게 사과하고 감정적으로 풀었다든지, 며칠 동안 밀린 빨래 산을 도저히 참을 수 없어 열심히 개켜 넣고 뿌듯해서 찍은 깨끗한 집일 수 있지 않을까?

실제 상황은 알지도 못한 채 내가 막연하게 부러움과 질투심을 둘둘 말아 의기소침해지는 동안, 나와 별다를 바 없는 상대는 그 순간에도 차곡차곡 자기만의 기록을 쌓아 가고 있다. 미래의 업과 연결 고리를 만들어 가고 있는 것인지도 모른다. 어서 털고 일어나 자. 내 일상도 누군가는 그토록 꿈꾸는 삶일지도 모르니까.

· 더 중요한 것은 나를 관찰하는 일 ·

질투는 내가 이루고자 하는 마음일지도 모른다는 이야기를 했 다. 결국 나에 대해서 아는 것이 먼저다. 내가 잘하는 것, 내가 가 진 것, 그리고 지금 나에게 부족하다고 생각하는 것들을 노트에 차 근차근 적어 보자. 그러면 현재의 결핍이 어떤 감정을 만들어 냈고, 내가 왜 다른 이들의 SNS를 보면서 한없이 불편했는지 원인이 보 일지도 모른다.

『데미안』에 이런 구절이 나온다.

"우리가 어떤 사람을 미워한다면 우리는 그의 모습에서 바로 우리 자신 속에 들어앉아 있는 무언가를 보고 미워하는 거지. 우리 자신 속에 있지 않은 것, 그건 우리를 자극하지 않아."

내 불편함의 원인은 나에게 있다는 것이다. 그런 감정을 맞닥뜨렸을 때 내 안에 어떤 지점이 지금 나를 괴롭게 하는지 찬찬히 들여다보는 기회가 될 수 있다. 그럼에도 여전히 비교하는 마음이 올라온다면 그런 감정을 자극하는 사람의 계정을 잠시 차단해 두면 좋다. 괜히 보면서 미워하지 말고 좀 더 나의 하루에 집중한다.

SNS를 지속하다 보면 나를 들여다보는 일보다 다른 사람을 바라보는 일을 습관적으로 하게 되는 시점이 온다. 그런 날은 소통을 조금 포기하더라도 나의 기록만 남긴 채 스마트폰을 멀리 떨어트린다.

"그럴 땐 아예 쉬지, 뭘 또 올린대?"라고 할지도 모르지만 난 누군가에 의해, 다른 사람 때문에 내 기록을 멈추는 건 싫다. 내 마음을 들여다보고 '내가 지금 이런 상태구나' 제대로 알고 그 마음까지도 기록하려고 한다. 그렇게 며칠 나에게 집중하다 보면, 또 언제 그랬냐는 듯 건강한 눈으로 타인을 바라볼 수 있다.

앞에서 『인스타 브레인』에 나오는 흥미로운 실험 결과를 이야기했다. 다른 사람의 사진을 보기만 하고 댓글 등을 통해 소통하지 않는 수동적인 사용자는 적극적인 사용자보다 의기소침해지는 경향이 있다고 말이다. 그러니 적극적인 사용자가 되자. 내가 온라인 활동을 하면서 가장 공감했던 대목이다.

나에게 집중하고 내 삶에 만족할 때는 다른 사람에 대한 감정이 비집고 들어올 틈이 생기지 않는다. 다른 이의 행복한 기록을 수동적으로 바라보지 말고 능동적으로 나의 기록을 시작하면 된다.

무엇을 쓰면
좋을까

 누군가 등 떠밀어서 혹은 친구들과의 소통을 위해 SNS를 시작
했다. 그런데 대체 뭘 올려야 할까? 대부분의 엄마들은 아이에 관
한 것을 올린다. 그마저도 큰 이벤트가 없으면 한두 달 해 보다가
금세 멈추거나 아이의 얼굴이 노출되는 것이 불편해져서 비공개로
바꿔 버린다.

 왜 엄마들에게 SNS를 하라고 하면 '육아 일상'에 대한 것부터 시
작하는 걸까? 엄마의 일상이 단조롭고 평범해서? 나를 잃어버려
서? 내가 사라져서? 뭐 그런 슬픈 이유를 얘기하려는 건 아니다.
그리고 그런 이유도 사실 아니다. 그저 지금 내가 가장 관심 있는 것, 내가 가장 좋아하는 것, 내 하루의 대부분을 차지하는 것, 그게 사랑하는 나의 아이이기 때문이다.

조금 아쉬운 건 아이의 웃는 모습, 아이가 밥 먹는 모습, 아이가 뛰어 노는 모습 등 '아이'만 줄기차게 올리는 분을 볼 때다. 나도 그 런 때가 있었다. SNS를 시작해 보려고 휴대폰 앨범을 보니 아이 사 진이 수천 장은 있었다. '아이 사진부터 올려 볼까?' 하던 차에 몇 년 전 결혼 안 한 친구의 투덜거림이 기억났다.

"친구들이 결혼만 하면 카카오스토리를 애 사진으로 도배해. 진 짜 보기 싫어서 삭제했잖아."

관심사가 달라진 데 대한 서운함을 표현한 것인데 나에겐 그 말 이 꼭 결혼해서 자기는 없고 애만 남은 것 같다는 말처럼 들려 혼 자 뜨끔했던 기억이 났다.

SNS는 '나'에 대한 것을 분명하게 기록하는 도구다. 똑같이 아이 사진을 올리더라도 관점을 조금 바꿔서 내가 어떤 눈으로 아이를 바라보고 있는지, 아이의 그 순간을 왜 포착하고 있는지, 아이의 어 떤 행동을 지켜보았는지에 대해 기록하면 그것은 아이와의 평범한 하루의 나열이 아니라 나의 '육아관'이 된다. 엄마의 소신이 담긴 기 록이 된다.

나의 처음도 육아였다. 부부가 숲으로 오게 된 과정, 아이들을 자연 속에서 키우는 모습, 생 날것의 숲 유치원 기록 같은 것을 올리기 시작했다. SNS를 시작한 지 얼마 되지 않아 청천벽력 같은 이야기를 들었다. 우리 마을은 100여 명의 아이들이 다니는 혁신 초등학교가 있다. 학교는 언론에도 언급되었을 만큼 유명했다. 그 때문에 유행처럼 학생들이 전학을 많이 와 여러 번 홍역을 앓았다. 그 뒤로 온라인에서 마을 이야기를 하지 않는다는 암묵적 룰이 있다는 이야기였다. 어쩐지 이사 오기 전 아무리 검색해도 학교 이야기를 찾을 수 없더라니.

　갑작스레 숲 육아 이야기를 중단해야 해서 김이 빠지긴 했으나, 그간 한두 달 열심히 한 성의가 있으니 뭐라도 기록해야겠다고 생각했다. 뭣 모르고 주식에 손댔다가 잔뜩 날려 먹은 이야기, 축구 동아리에 들어가서 땀을 비 오듯 흘린 이야기, 기타를 배우기 시작했다는 이야기, 역사 공부를 하는 남편과 문화재 여행을 시작한 이야기, 독서 모임에 갔던 후기 등 중구난방 내 이야기를 쓰기 시작했다.

　만약 이 기록이 없었다면 기타 치고 노래하는 나도 없었고, 글을 쓰고 책을 내는 나도 없었을 것이다. 그런 것들은 기록하지 않았다면 한 번도 특별하다고 여기지 못했을 내 모습이었기 때문이다.

사람들은 보통 SNS를 시작할 때 어떤 콘텐츠를 올려야 할지 모르겠다고 말한다. 정확히 말하자면 어떤 콘텐츠가 돈이 되는지 모르겠다는 이야기를 한다. 그걸 찾고 싶어서 강점 코칭도 받고, 관련 강의를 듣기도 한다. 그래서 찾아진다면 좋겠지만, 쉽지 않다.

내가 잘하는 것, 내가 좋아하는 것을 찾으라고 하는데 그걸 알면 강의를 들으러 갔을까? 취업 이력서에 취미 및 특기를 쓰는 것도 그렇게 힘들어서 흔하디흔한 독서를 적었던 사람들이 이제 와서 '나는 이런 걸 잘하니까, 이런 걸 좋아하니까 이 콘텐츠를 올리겠어!' 할 수 있을까.

내 경우엔 그렇지 않았다. 특정한 주제를 찾지 못한 상태로 그저 내 일상의 이야기들을 기록했을 뿐이다. 그렇게 쓰다 보니 내가 줄기차게 나의 도전에 대해서 기록하고 있음을 발견했다. 다른 이로부터 숲으로 온 나의 이야기가 책으로 쓰일 만큼 특별하다는 이야기도 듣게 됐다. 어쨌든 결국 우리는 뭐라도 밖으로 꺼내 놔야만 진짜 내가 좋아하는 것이 뭔지 찾을 수 있다.

나는 필사 모임을 운영하고 있다. 한 권의 책을 읽으면서 마음에 닿는 문장을 필사하고, 그 아래 자신의 이야기를 함께 기록한다. 함께하는 분들은 마치 일기처럼 자신의 소소한 감정까지 가감 없이 적고, 서로 그 글에 대해 짧은 코멘트를 하면서 이야기를 쌓아

가고 있다.

그 노트에 적힌 글을 읽다 보면 그녀들이 어떤 사람인지, 어떤 과거를 품은 사람인지, 어떤 벽을 가지고 있는 사람인지 조금씩 알아가게 된다. 필사 노트가 한 권의 '나 설명서'가 되는 것이다.

필사를 함께하는 멤버 중 한 명이 브런치에 글을 쓰려고 했다. 브런치는 블로그나 인스타그램 같은 SNS의 일종인데 글쓰기에 특화된 플랫폼이다. 다른 플랫폼과의 차이가 있다면 '작가 신청'이라는 허들이 있다. 브런치로부터 작가 승인을 받아야만 글을 쓸 수 있다. 작가 승인이 되려면 자기소개와 앞으로 어떤 글을 발행할지 기획서를 제출해야 한다. 수없이 떨어지는 사람도 있다는 걸 보니 그리 만만한 플랫폼은 아니다.

그녀는 자신의 직업인 수학 교사의 이야기로 브런치에 도전했으나 탈락했다. 어떤 주제로 신청을 해야 할까 고민을 하기에 그동안 그녀의 필사 노트를 보면서 떠올렸던 생각을 이야기했다. 결혼 10년차에 아이가 둘인 그녀의 글에는 늘 남편에 대한 애정이 듬뿍 담겨 있었다. 그녀의 글에는 질투하고, 삐치고, 사랑해 죽겠는, 여전히 알콩달콩 연애를 하고 있는 여자가 있었다. 내가 그녀에게 제안한 주제는 '주부의 연애 일기'였다. 그녀만의 수줍고 과감한 애정

표현을 써 보면 어떨까. 그건 다른 사람은 하고 싶어도 할 수 없는 그녀만의 이야기니까. 그녀는 단숨에 한 편의 글을 썼다. 본인도 즐겁게 쓸 수 있는 글이었고, 당연히 결과는 합격이었다.

만약 내가 그녀의 글을 읽지 못했다면 10년차 주부가 그런 소녀 감성을 가지고 있다는 걸 알 수 있었을까. 전혀 몰랐을 것이다. 우리는 어른이 되고 다양한 사회적 가면을 쓰고 있다. 진짜 친한 지인이 아니라면 그런 감정을 타인에게 쉽게 드러내지 않는다. 그녀는 매번 자기도 모르는 속내를 필사 노트에 담았고 나는 발견했을 뿐이다. 기록하지 않았다면 절대 알 수 없던 일이다.

누구든 시작은 중구난방이다. 첫 줄부터 안절부절못한다. 처음부터 나는 이걸 하겠다고 달려드는 사람은 별로 없다. 이것저것 시도해 본 뒤에야 내가 즐겁게 쓸 수 있는 것을 발견한다. 누구도 처음부터 "당신은 이것을 하세요!"라고 말해 줄 수 없다.

누구나 시작은 초라했음을 기억하면서 나의 초라한 시작을 즐기는 것 외에는 방법이 없다. 나의 일상에서 느꼈던 마음부터 하나씩 기록해 보자. 나를 찾아가는 일이 결국 나만의 콘텐츠를 발견하는 일이다.

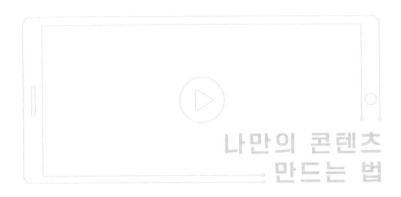

나만의 콘텐츠
만드는 법

    하루도 빠짐없이 인스타그램과 블로그를 넘나들며 기록을 하는 나를 볼 때마다 가끔 '뭐 한다고 이렇게까지 하는 거야?'라고 나 자신에게 질문을 던질 때가 있다. 그럴 때마다 나는 스스로에게 말한다. '엄마'이면서 '나'인 한 여자의 시간, 내가 나답게 살기 위한, 자유를 향한 시간을 기록하는 중이라고. 그래서 밥 먹는 것처럼 꼬박꼬박 기록하는 거라고.

    그렇게 기록을 하다 보니 내가 좋아하는 것, 잘하는 것, 그리고 꾸준히 반복하는 메시지 같은 것들이 보이기 시작했다. 실시간으로 사람들 반응을 볼 수 있으니 공감의 포인트도 발견하게 되었다.

단순히 나만 좋은 건지, 다른 사람들에게도 좋은 건지 손쉽게 알아볼 수 있게 되었다.

『콘텐츠 가드닝』에서 서민규 저자는 "잘하는 것과 좋아하는 것이 무엇인지 안다는 것, 그리고 앞으로 잘하게 될 것과 좋아하게 될 것이 무엇인지 탐색할 줄 안다는 것은 자기 자신을 깊이 알아가는 여정"이라고 했다. SNS에 기록하는 것으로 자신을 파악했다면 이제 내가 좋아하고, 잘하는 것을 버무려서 나만의 콘텐츠를 만들어 볼 때다.

어떻게 나의 콘텐츠를 만들 수 있을까?

• 나에게서 남으로 시선을 바꿔 보기 •

한동안 자기만족에 취해 있던 시기가 있었다. 내가 기쁜 것, 내가 즐거운 것, 내가 살아 있음을 느끼게 하는 가슴 떨리는 것들에 마음이 갔다. 그리고 그것들을 하나하나 SNS에 기록하기 시작했다. 여전히 일상은 후줄근한 옷을 입고, 아이와 실랑이하며, 집안일을 도맡아 하는 주부였지만 조금씩 내 삶에 생기가 돌기 시작했다.

그렇게 몸과 마음이 채워지고 나니 그제야 나와 비슷한 시기를 보내고 있는 엄마들이 눈에 보였다. 내 일상에 엄청난 변화가 생긴 건 아니지만, 아주 작은 생각의 전환이 나에게 온기를 불어넣어 준 것처럼 그들에게도 그런 경험을 선물해 주고 싶다는 마음이 생겼다. 가을, 남한산성이 가장 예쁜 계절에 사람들을 초대하게 된 이유였다.

낙엽이 떨어지는 가을, 남한산성에서 운동화를 신고 온 사람들과 산길을 걷고, 돗자리를 펴고, 같이 시를 낭독하고, 도시락을 먹으며 도란도란 수다를 떨었다. 낭독하면서, 노래를 부르면서, 서로의 이야기를 들으면서 눈가가 촉촉해졌다.

엄마로 살아오면서 나를 위해 기꺼이 시간을 내어 본 적이 있었나. 나의 이야기에 이렇게 귀 기울여 준 사람들이 있었나.

알게 모르게 가슴속에 났던 작은 구멍이 메워지는 느낌을 받았다. 그리고 그다음 해 가을, 더 많은 사람들이 남한산성을 찾아왔다. 낭독과 만남이 있는 가을 소풍 '낭만 피크닉'을 기획하면서 알게 된 것이 있다. 내가 당연하게 누리는 것들이 누군가에겐 그토록 원하는 짧은 쉼의 시간일 수 있다는 거였다. 그 콘텐츠에는 오롯이 내 것이라는 게 존재하지 않았다. 주최자가 주인공이 되는 시간이 아니었을 뿐 아니라, 모임을 진행했던 장소조차 남한산성에 널리고 널린 숲속의 일부였을 뿐이다. 무엇도 내 것이 아니었지만 그곳에서 좋았던 내 경험, 때때로 한 번씩 나를 편안하게 하는 이 풍경을 함께 보고 싶다는 마음으로 시작한 프로젝트다.

그 프로젝트를 함께 기획했던 다른 작가님과도 그저 "사람들이 안 오면 우리 둘이 시나 낭독하면서 산책해요"라며 시작한 일이었다. 한 번도 주인공으로 살아 본 적 없는 두 엄마의 기획은 다른 엄마들의 마음에 가 닿는 데 성공했다. 매년 가을이 되면 "낭만 피크닉 안 하나요?"라고 사람들이 물어볼 만큼 특별한 프로젝트가 되었다.

콘텐츠라는 것은 결국 나에게서 남에게로 시선을 바꿀 때 발견하게 된다. 내 만족에 취해 있을 땐 그저 누군가를 자극하는 자랑이 되지만, 내가 좋아하는 것과 잘하는 것을 버무려서 내가 아닌 상대의 관점에서 그걸 펼쳐 냈을 때 사람들의 마음은 움직인다. 내 콘텐츠가 나뿐 아니라 다른 이들에게도 '의미'를 갖게 된다. 내가 아닌 상대를 바라보는 시선의 끝은 '배려'이고 '풍요로움'이다.

나의 취향을 무시하고 타인의 취향만을 고려하겠다는 것이 아니다. 내게 좋은 것을 당신과 함께 나누고 싶다는 마음이다.

드라마 〈빈센조〉에서 빈센조(송중기 분)가 그런 말을 한다.

"늪에 빠졌을 땐 늪 바닥에 발이 닿기 전에 빠져나와라."

부정적인 감정에서 빠져나갈 생각을 하지 않고 침체해 있다 보면 우리는 예기치 않은 실수를 하게 된다. 시간을 버리거나, 돈을 버리거나. 어쨌든 후회할 짓을 하고 만다.

내게도 그런 시절이 있었고, 터널을 빠져나왔다고 생각하는 순간 또 다른 이유로 가라앉기를 반복했다. 지금도 그렇다. 그러나 그 시간을 주기적으로 겪으면서 한 가지 방법을 터득했다. '내가 또 늪에 빠졌구나' 하는 알아차림 그리고 빠르게 발을 빼는 실천이다.

늪에 빠졌을 때 탈출하는 방법은 '일상 회복'이다. 그런데 이게 말처럼 쉽지 않다. 일상을 회복하고 싶지 않아서 그랬던 건 아니니까. 내가 찾은 답은 강제적 루틴 안으로 나를 집어넣는 것이었다.

나는 필사와 글쓰기 두 가지 모임을 운영하고 있다. 이 모임을 시작하게 된 이유는 바로 자꾸만 작아지는 나를 붙들어 놓기 위해서였다. 내가 꾸준히 읽고 쓰기 위함이었다. 그 외에 다른 이유는 하나도 없었다. 새벽에 일어나 마음에 와 닿는 문장을 필사하고 짧은 글을 쓴다. 그렇게 나에게 닿는 문장은 대부분 지금 내가 고민하고 있는 문제와 관련이 있는 경우가 많다. 조금이라도 마음의 평정을 찾기 위해서 매일 조금씩 썼다.

그 짧은 문장들을 다시 긴 글로 바꾸기 위해 '쓰는 모임'을 만들었다. 그리고 SNS 플랫폼에 발행하기 시작했다. 뭔가를 이루려고 시작한 것이 아니라 단순히 내 습관을 만들기 위해 시작했던 프로젝트가 이제 나의 핵심 콘텐츠가 되었다. '읽고 쓰는 사람'으로 살게 되었고, 외부에도 그렇게 비치기 시작했다. 내가 그토록 원했던 두 번째 삶이었다.

내가 아닌 남에게 시선을 돌릴 때 콘텐츠가 생기지만, 반대로 오롯이 나에게 필요한 것을 찾을 때도 콘텐츠는 만들어진다. 때로는 아주 이기적인 이유가 답이 되기도 한다. 나에게 절실한 그 무엇이 다른 사람에게도 절실할 수 있다. 내가 그것으로 성장하고 발전했다면 다른 사람에게 권할 때도 좀 더 자신 있게 할 수 있다. 그때 말에 힘이 생긴다.

뭔가를 새롭게 만드는 것이 아니라 잘 짜서 보여 주는 것만으로도 독특한 콘텐츠가 될 수 있다. 정보가 난무하는 세상에서 나에게 필요한 정보만 쏙쏙 골라 주는 사람이 있다면 얼마나 좋을까.

요 근래 자주 볼 수 있는 큐레이팅 콘텐츠는 책에 대한 것이다. 큐레이터가 작품을 기획, 수집, 전시하듯이 책을 소개하는 콘텐츠가 많아졌다. 대표적으로 김겨울 작가의 〈겨울서점〉 유튜브가 있다. 보는 사람을 읽는 사람으로 변화시키는 일에 관한 고민을 담은 그녀의 콘텐츠는 생활 속에서 책을 리뷰해 주면서 사람들이 직접 그 책을 읽도록 은근슬쩍 권유한다. 누군가의 행동을 유발하면서도 자신이 책을 좋아하고 사랑하는 사람이라는 이미지까지 만들어 낸다. 이미 세상에 나와 있는 책을 읽고 자기만의 언어로 리뷰 했을 뿐인데 그녀는 『유튜브로 책 권하는 법』이라는 책까지 출간할 만큼 이것이 자신의 콘텐츠가 되었다.

이런 큐레이팅을 본격적으로 시스템화한 것이 '카카오뷰' 그리고 네이버의 '토픽'이다. 두 서비스 모두 내가 큐레이터가 되어 하나의 주제로 콘텐츠를 묶어서 발행할 수 있도록 한다. 차이점이라면 카카오뷰는 본인이 발행한 콘텐츠 외에 타인이 만든 콘텐츠까지 자유롭게 하나의 주제로 묶어서 발행할 수 있고, 네이버 토픽의 경우 본인이 발행한 콘텐츠에 한한다는 것이다. 둘 다 큐레이션만으로 수익을 가져다준다는 점이 흥미롭다.

요즘 사람들이 네이버 블로그 리뷰를 잘 보지 않는 이유는 상업성 때문이다. 홍보용으로 쓴 글이 넘쳐나니 더 이상 사람들의 신뢰를 얻기 힘들어졌다. 그래서 사람들은 더욱이 '진정성'을 가진 큐레이션을 원한다. 자기가 관심 있는 분야를 본격적으로 리뷰 하는 것도 하나의 콘텐츠가 될 수 있다.

이렇게 애써 만든 콘텐츠가 모두 돈이 되는 건 아니다. 내 첫 번째 콘텐츠였던 두 번의 낭만 피크닉 수익금은 거의 제로에 가까웠다. 준비하는 사람들은 몇 번씩 장소를 답사하고, 함께 먹을 음식을 고민하고, 누군가가 주인공이 될 만한 무대를 만들기 위해 한 달가량을 애썼지만 시간과 노력에 비해 돈은 조금도 남지 않은, 오히려 손해를 본 프로젝트였다.

그렇다면 이 모임은 실패일까? 수익 측면에서는 실패가 맞다. 그러나 나는 꽤 성공한 콘텐츠라고 평가했다. 가을이 되면 남한산성에서 기타를 치고 시를 낭독하는 두 수줍은 엄마를 기억하는 사람들이 있으니까. 그때 우리가 나눈 진심을 사랑하는 사람들이 있으니까.

세상의 기준, 돈이라는 가치만으로 평가되지 않는 것들이 많다. SNS는 세상의 기준, 돈의 가치에 휩쓸리는 일이 비일비재하게 일어나는 곳이다. 그러나 사람들은 경험으로 안다. 그 콘텐츠에 진정성이 담겨 있는지. 콘텐츠를 만들고 싶다면 돈이 되는 것을 찾는 것보다 내가 가진 것 중에 누군가와 나눌 수 있는 것이 있는지를 떠올려 보는 것이 먼저다.

거창한 것이 아니어도 좋다. 꼭 물건이 아니어도 괜찮다. 나처럼 남한산성에 땅 한 평 없는 주제에 숲의 힐링을 느껴 보라고 말하는 사람도 있지 않나. 콘텐츠는 결국 없는 것을 만들어 내는 것이 아니라 내가 누리고 있는 것들, 내가 당연하게 생각하는 것들, 나에겐 흔한 것들 중에서 발견하는 것이다. 엉뚱한 누군가에게가 아니라 나와 비슷한 마음인 누군가에게, 내가 막 지나온 터널 안에 있는 사람들에게 손을 내미는 일이다.

'자기 발견', '함께 나눔', 이것은 그 자체로 아름다운 행위이다. 가성비는 모르겠지만 가심비만큼은 탁월한 일이다.

그래서 나는 이 일을 사랑한다. 나라는 미약한 존재가 세상에 조금이나마 도움이 될 수 있다는 생각을 할 때마다 나의 마음은, 나의 삶은 풍요로워진다.

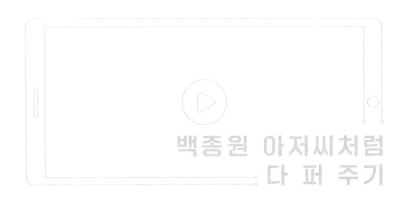

백종원 아저씨처럼
다 퍼 주기

세상에는 합리적인 이유로는 설명되지 않는 것들이 많다. 10을 주었는데 1도 돌아오지 않을 때가 있고, 5를 주었는데 10 이상이 돌아올 때도 있다. 얼마가 돌아올지 예측할 수 없다. 아니 예측은 할 수 있는데 계획대로 주고받음이 일어나진 않는다. 그럼 보통 적당히 5를 주면 되겠다고 생각한다. 분명 처음 '적당히'를 생각했는데, 그런데도 5만큼이 돌아오지 않을 때 불같이 화를 낸다.

그럼에도 우리는 '적당히'라는 평균을 향해 살아간다. 덜 손해 보려는 마음으로, 이왕이면 내가 더 받으려는 구조를 갖기 위해. 그런데 SNS 세계는 이 '적당히'가 잘 먹히지 않는 세상인 듯 보인다.

어쩌면 내가 모르고 있던 진짜 세상의 룰을 SNS에서 발견했을지도 모른다. 이곳은 '적당히'보다는 '온전히'가 더 어울리는 세상이었다.

나는 사람들과 떠들썩하게 어울리는 것보다 혼자 있는 시간을 더 좋아하고, 혼자 할 수 있는 활동들을 즐기는 편이다. 독서나 글쓰기 같은 것들이 가장 선호하는 취미 생활인 이유도 그 때문일 것이다. 그런데 책을 읽다 보면 나 혼자만 보기 아까운 책들이 있고, 누군가에게 나누고 싶은 부분도 생긴다.

그날 밤이 그랬다. 책을 뒤적거리다가 독서 모임을 만들고 싶은 충동이 일었다. 지역 맘 카페에 '엄마들의 독서 모임' 회원을 모집한다는 글을 올렸다. 아이를 키우면서 자기를 돌보기 어려운 엄마들과 함께 책을 읽고 싶다는 취지였다. 쉽고 빠르게 읽을 수 있으면서 메시지가 있는 책을 통해 삶의 활력을 나눌 수 있으면 좋겠다는 마음이었다.

비용은 받지 않기로 했다. 그 시절의 나는 나를 위해 돈 한 푼 쓰지 못했던 사람이었는데, 그들을 위한 모임을 열겠다고 하면서 돈을 받는다는 것은 조금 말이 안 되는 이야기였다. 금세 내가 생각하는 적정 인원이 모였다.

함께 읽을 책을 선정하고 책의 줄거리를 요약한 후 생각할 만한 것들을 끄집어내서 30분 정도의 프레젠테이션 자료를 만들었다. 그렇게 만들어 놓은 자료를 가지고 독서 모임 후반부에 발표를 하는 방식으로 마무리했다.

이 모임이 어떻게 진행되는지 알고 있는 온라인 지인들은 "왜?"라는 질문을 많이 했다. 무료 독서 모임을 연 것도 신기한데, 왜 그렇게 시간과 품을 들이는 거냐고, 무엇을 위해서 하는 거냐고 물었다. 나는 그 질문에 딱히 명쾌한 답을 하지 못했다. 그저 평범한 엄마인 내가 책을 읽고 SNS를 시작하면서 이렇게 한 권의 저자가 된 것처럼 나와 비슷한 사람들에게도 그런 기회가 주어지면 좋겠다고 생각했을 뿐이다.

무료로 진행되는 모임의 한계를 이야기하며 반대하는 주변 사람들이 있었지만 나는 모임을 이어 갔다. 그렇다면 내가 이 모임을 진행하면서 얻은 것은 뭘까? 10을 내어 주는데 절반도 받지 못하는 것 같은 기분을 틈틈이 받으면서도 지속한 이유는 무엇일까?

• 카카오톡과 백종원 레시피의 공통점 •

이제는 우리나라에서 카카오톡 없이는 소통이 불가하다고 해도 지나친 말이 아니다. 문자 한 번 보낼 때마다 50원씩 내던 시절을 이야기하면 너무 구닥다리가 되는 걸까. 2010년에 출시되어 6개월 만에 가입자 100만 명을 넘긴 카카오톡은 현재 국내에서 5000만 명에 가까운 사람들이 이용하고 있다. 전 국민이 사용하고 있다고 해도 과언이 아닌 카카오톡은 10년여 시간 동안 돈 벌 생각이 없는 듯 수익이 미미했다.

정보를 찾는 곳인 포털과 달리 메신저는 사적인 공간이라서 섣불리 수익 모델을 붙이기가 어렵다는 것이 카카오 측의 의견이었다. 하지만 전 국민이 이 모바일 앱 하나로 연결되어 있다는 것은 어떤 사업도 할 수 있다는 가능성이었다. 처음엔 익숙하지 않았던 카카오뱅크를 너도나도 사용하게 된 것도 메신저에 있는 친구에게 간편하게 이체할 수 있어서다.

비슷한 사례로 누구나 쉽게 따라 할 수 있는 레시피로 많은 사람들을 요리대 앞으로 가게 한 백종원이 있다. 백종원은 논현동 골목을 싹쓸이했을 정도로 자신의 이름을 건 점포를 여럿 가지고 있던 사람이다. 그런 사람이 식당의 매출과 직결될 수 있는 레시피를 모두 공개했다. 예전에 며느리도 모른다며 비법을 감추던 식당 주인들과는 다른 모습이다.

방송에 나오는 사람들이 영양을 고려한 착한 레시피를 읊조리던 시절, 설탕을 쏟아부으며 만들었던 백종원의 레시피는 처음엔 반발을 불렀지만 오히려 식당에서 먹는 맛을 집에서도 재연하게 되고, 가식이 아닌 진심이 묻어나는 인간 자체에 대한 호감으로 이어졌다.

　온라인 세계는 카카오톡, 백종원처럼 자신이 가진 것을 아낌없이 내어놓을 때 반응이 일어난다. '내가 아는 정보를 다른 사람들이 다 가져다 쓰면 어떡하지?' 걱정되기도 하지만 정작 ○○ 전문가라고 불리는 사람들은 자신이 알고 있는 모든 것을 쏟아 놓은 사람들이었다.

　물론 무엇을 내어놓는다고 해서 꼭 그게 거창한 것일 필요는 없다. 내가 아는 인플루언서 지인은 일상 큐레이션을 하는 사람이다. 유튜브에서 영감을 받은 영상 같은 것을 공유해 주는 일을 주로 한다. 요즘처럼 콘텐츠들이 쏟아져 나올 때는 어떤 영상을 봐야 할지조차 모르는 경우가 많은데, 좋은 영상을 선별해서 공유해 주는 것만으로도 굉장한 시간 절약이 된다.

　그녀는 양말이나 머리핀 같은 정말 작은 소품들도 공유하곤 했는데 그녀가 고른 건 대체로 꽤 만족스러운 상품들이다. 그녀는 자신의 이런 재능을 기반으로 인터넷 쇼핑몰도 하고 있는 콘텐츠 마케터이다.

나는 무엇을 사람들에게 줄 수 있을까?

생활에서 얻어지는 깨알 같은 지식, 예를 들면 아이가 좋아하는 신상 간식, 손님 오기 전 빠르게 집 정리하는 법 혹은 오늘 아침 어린이집 등원 룩 등 나에겐 사소하지만 누군가에겐 도움이 될 만한 소소한 것부터 정리해 보면 어떨까?

'1이 돌아올지 10이 돌아올지 모르겠지만 어쨌든 나는 10 이상을 내어놓는다.'

이 마음으로 내가 가진 것들을 차곡차곡 쌓다 보면 어느새 그 분야의 전문가가 되어 있을지도 모른다.

언뜻 보면 시간과 에너지를 잡아먹는 것처럼 보였던 독서 모임을 진행하면서 나는 꾸준히 성장하는 나 자신을 발견했다. 한 권 한 권 PPT 자료를 만드는 동안 이전에는 휘발되던 독서가 머무르는 것을 느꼈고, 사람들 앞에서 떨지 않고 조리 있게 말하는 법도 배웠다. 그 자신감으로 문화센터에 '엄마들의 꿈을 찾아 주는 독서'라는 강연 제안을 하기도 했다.

무엇보다 그 독서 모임에서 함께 책을 읽고, 어떻게 살 것인가를 고민하게 된 '엄마 친구'들을 만났다. 무엇을 하든 서로 응원해 주는 사람을 얻었다는 것이 이 모임이 내게 준 가장 큰 수확이었다.

의미 없어 보이는 시간, 손해만 보는 것 같은 시간도 지나고 보면 그 이상이 얻어질 때가 있다. 당장의 수익, 당장의 이득이 아니라 이 과정을 즐기다 보면 기대 이상의 무언가를 얻을지도 모른다. 혹 아무것도 얻지 못했다 하더라도 그 과정을 견디는 힘을 배웠으니 그 또한 이익 아닐까.

백종원 아저씨의 구수한 웃음을 떠올리며 온라인에 접속해 보자.

공격이 아니라면
무엇이든 OK

SNS에 글 쓰는 일이 조금 익숙해지는 시점이 되면 찾아오는 것
이 있다. 바로 '자기 검열'이다. 스스로에게 끊임없이 질문한다.

'이 말에 책임질 수 있어?'

'이거 정말 네 생각이야?'

사실 여부와 상관없이 자신감이 떨어지거나 사라진다. 그 전까
진 아무렇지 않게 말을 내뱉었는데 소통하는 이웃이 늘어날수록,
더 이상 혼자만의 메아리가 아님을 인지할수록 어려워진다. 단순
한 감정을 토로했던 것도 나를 아는 누군가가 지켜보고 있을지도
모른다는 생각에 입을 다물게 된다.

쓸 수 있는 내용에 한계가 오면 어느 순간 쓰려고 했던 말들을 내려놓는다. 자의식 과잉이 아닌 이상, 누구나 그렇다. 이런 순간을 빠져나가는 방법은 사실 계속 쓰는 것밖에 없다. 책임져야 하는 구체적인 정보가 있는 글을 내려놓고 일상의 소소한 것들부터 다시 시작하면 된다.

가끔 블로그나 맘 카페를 검색하다 보면 사실과 다른 정보가 기재되어 있는 경우를 많이 보게 된다. 초보 엄마 시절, 아이가 어릴 때 갑자기 고열이 나서 검색부터 했다. 옷을 벗기고 찬물로 열을 떨어뜨려야 한다는 말에 이불을 뒤집어쓰고 끙끙 앓고 있던 아이의 옷을 벗기다가 울고불고 난리가 났다.

나중에 의사 선생님은 큰일 날 짓을 했다며 미지근한 물로 천천히 몸을 닦아 주면 물이 증발되면서 열이 떨어진다고 알려 주셨다.

"아니 요즘 엄마들은 그렇게 인터넷만 보고 말도 안 되는 방법으로 애를 잡으려고 들어!"

꾸중은 들었어도 한결 나아진 아이 상태에 안도의 한숨을 내쉬며 집에 돌아온 기억이 있다.

온라인에는 사실 여부를 확인할 수 없는 정보가 쏟아지기 때문에 종종 이런 일들이 발생한다. 정보성 글을 쓸 때는 어느 정도 객관적인 사실을 근거로 써야 한다. 그런 부분에서는 신중을 기해야한다. 나에게만 한정된 경험, 어쩌다가 얻은 행운을 진실인 양 쓰는 건 곤란하다.

하지만 반대로 생각하면 개인 블로거에게 전문성을 기대하는 게 타당한 것일까? 칼럼이 아닌 내 개인적인 공간에 나의 경험을 공유하는 것이 문제가 되진 않는다. 다만 독자로 하여금 오해하지 않도록 내 생각과 경험에 근거한 것임을 표시해 두고, 다른 사람의 글을 인용했다면 출처를 밝히는 것으로 충분하다.

이보다 조심해야 할 것은, 내 안의 검열자가 '네가 이런 걸 쓸 자격이 되냐?' 혹은 '다른 사람이 이걸 보면 얼마나 비웃겠냐?'처럼 나의 자존감을 깎아 먹고 나의 취향에 의문을 제기할 때다. 적어도 이런 질문에는 지지 않으려 한다. 스스로 그 질문을 쳐내지 못했을 때 평범하다 못해 지루한 글을 발행하게 된다. 오프라인에서 항상 쓰고 있는 가면을 온라인에서 또 쓰는 꼴이다.

내가 SNS를 하는 이유는 소위 '인싸'가 되기 위해서가 아니라, 그동안 말하지 못한 내 의견이나 생각을 눈치 보지 않고 털어 내기 위해서였다. 누군가가 좋다고 하는 것을 따라가는 것이 아니라 내가 좋다고 생각하는 것을 드러내기 위함이었다. 남의 의견에 생각

없이 고개를 끄덕이는 건 일상에서도 충분한데 그걸 온라인에서까지 해야 한다면 굳이 시간과 에너지를 들여 온라인에 내 집을 지을 필요가 있을까?

『쓰기의 말들』에서 은유 작가는 말한다. "나쁜 글이란 자기 생각은 없고 남의 생각이나 행동을 흉내 낸 글, 마음에도 없는 것을 쓴 글"이라고. 자기 검열이 심할 때 나는 이런 콘텐츠를 세상에 내놓게 된다. 그저 요즘 유행하는 것들을 따라 해 본 경험, 남이 좋다고 한 곳을 다녀온 방문기. 그마저도 나쁜 점은 이야기하지 못하고 다른 사람들과 비슷한 칭찬 일색이다. 욕먹을 것 같은 생각은 전부 뒤로 숨겨 놓고 마음에도 없는 말을 나열하다가 끝낸 별 볼 일 없는 글을 매일 써서 올린다. 좋은 글을 쓰는 법을 모르겠을 때는 나쁜 글을 쓰지 않는 것도 방법이라는 은유 작가의 말이 뼈아프게 다가오는 순간이다.

내가 생각하는 좋은 글은 '나'의 이야기이다. 내가 직접 경험하고, 느끼고, 판단한 글이다.

그것을 잘 정리해서 블로그나 인스타그램에 올리면 된다. 나의 이야기에는 정답이 없으니까 굳이 다른 답을 찾으려고 기웃거리지 않아도 된다. 나의 감정에 치우쳐 누군가를 비난하거나 공격하게 되는 지점만 주의하면 된다.

간혹 비판과 비난을 혼동하여 하게 될 때가 있는데, SNS에 내 색깔을 담기 위해 필요한 것은 비판이지 비난이 아니다. 비판은 감정 또는 편견에 사로잡히지 않고 합리적이고 논리적으로 분석, 평가하는 사고 과정이다. 비난은 남의 잘못이나 결점을 책잡아서 나쁘게 말하는 것이다.

나의 영향력이 커질수록 이 지점에서 굉장히 신중해져야 한다. 누군가를 비난하면 법적인 문제가 될 소지도 있지만, 그것을 떠나 상대에게 엄청난 상처로 남을 수 있다. 순간적으로 욱하는 감정을 내 팔로워만 믿고 쏟아내면 공든 탑은 쉽사리 무너진다.

누군가를 향한 공격이 아니라면 무엇이든 괜찮다. 내 안의 검열자가 뭐라고 속삭이든 그냥 손가락을 움직이면 된다.

감추고 살아왔던 욕망도, 꺼내기 창피했던 과거도 꺼내 놓고 보면 별거 아니다. 나도 하수처리장 안의 주택에서 살았던 1년이 꺼내기 쉬운 과거는 아니었다. 남편 월급이 180만 원이었던 것도 자랑은 아니었다. 그 와중에 셋째를 가졌다고 쓰면 미련곰탱이처럼 보인다는 걸 모르지 않았다.

그럼에도 썼다. 그렇게 드러냄으로써 더 이상 그것은 내 약점이 아닌 무기가 되었다. 내가 원하는 삶을 선택하고 가족과 함께 만들어 간 그 여정을 드러냄으로써 시작된 일이다. 이런 나의 과거를 갖고 손가락질하는 사람은 없다. 물론 간혹 있을 수 있지만 신경 쓰지 않는다.

오히려 나를 드러낼수록 나의 아픔을 공감하고 격려하는 사람을 더 만날 수 있다. 내 이야기를 꺼내면 꺼낼수록 내가 원하는 사람들을 만날 가능성이 더 커진다. 비슷비슷한 사람들 사이에서 동질감을 느끼는 순간, 사람들은 자신을 드러내기 때문이다.

나의 이야기는 나를 앞으로 나아가게 하는 동력이 되기도 하지만 누군가에게는 용기가 될 수도 있고, 누군가의 시작이 될 수도 있다. 그러니 안 쓸 이유가 없다.

원본은
쫄지 않는다

이 세상에 완전무결한 처음은 없다. 그 처음을 내가 시작한다는 것은 거의 불가능한 일이다. 우리는 대부분 무언가에 영향을 주고받으며, 그것을 조금씩 소화하는 과정에서 내 것이라는 게 만들어진다. 핵심은 다른 사람이 만들어 놓은 것에 나의 색깔을 섞어서 완전히 다른 내 것을 만드는 데 있다. 나만의 것이라 부를 수 있는 차이점을 만드는 것이다. 그것이 '오리지널리티(Originality)'이다. 새롭고 신선한 '원본'이 되는 것이다.

온라인 활동을 하다 보면 수시로 이런 이야기를 듣게 된다.

"그 사람이 네 프로젝트랑 똑같은 걸 시작했어. 너 알고 있었어?"

처음 그 이야기를 들었을 땐 움찔했다. 그리고 찾아가서 살펴보고는 분노했다. "어떻게 이럴 수가 있지?"

분명히 나와 좋은 관계를 유지하고 있었는데, 어떻게 말도 없이 마치 자기 것처럼 시작할 수 있지? 의문이 들었다. 그간 그와 나 사이의 관계에 대해 곱씹어 보기 시작했다. 뒤통수를 맞은 것 같은 기분이었다. 처음 한두 번은 분명 그랬다. 그런데 어느 순간부터 그런 일에 무심해지기 시작했다. 어떤 경지에 이르러서가 아니었다. 알았기 때문이고, 이해했기 때문이다. '비슷한 생각을 하고, 비슷한 과정을 겪는 사람들이 할 수 있는 딱 그 정도의 것을 내가 하고 있구나'라는 깨달음이었다.

내가 알려 주겠다고 나선 플랫폼이 내 것이 아닌데 뭐라 말할 자격이 있을까. 브런치가 내 것인가. 인스타그램이 내 것인가. 네이버 블로그가 내 것인가. 무엇도 내 것이라고 주장할 만한 게 없었다. 이 책을 쓸 때도 마찬가지다. SNS를 하는 방법에 대한 책은 시중에 엄청 많이 나와 있다. 내가 하는 말이 그 책들과 크게 다를까? 나만 알고 있는 이 세계의 비밀이 있나? 특별한 방법은? 아니다. 그들과 비슷한 이야기를 하고 있다. 그렇다면 나는 그런 것들을 베낀 건가? 그것도 아니다.

여기에 아주 중요한 지점이 있다. 수많은 SNS 관련 도서가 있음에도 내 책이 의미 있다며 출판사에서 선택한 이유 말이다. 그것은 내가 겪은 나의 이야기이기 때문이다. 수천만 원, 수억 원을 번 건 아니지만 꾸준하게 엄마의 기록을 이어 가고 있는 나. 전업주부이지만 나의 꿈을 향해 한 걸음씩 앞으로 나아가고 있는 나의 그 발걸음들. 이렇게 내 삶을 사랑하고 내 업을 찾아가는 나의 이야기가 분명 세상에 의미 있다고 판단한 것이다.

프로젝트도 마찬가지다. 단지 '누가 하는 것이 괜찮아 보여서' 혹은 '나도 저 정도는 할 수 있을 것 같아서'가 아니라 시행착오 끝에 자신에게 괜찮았던 방법을 나누는 것으로부터 출발하는 것이다. 그게 시작이다. 그리고 그 시작의 핵심은 '나의 경험', '나의 서사', '나의 색깔'이다.

블로그를 예로 들어 보자. '상위 1% 블로거, 블로그로 쉽게 돈 버는 방법을 알려 드립니다'라고 말하는 사람이 있고, '세상 쉬운 블로그, 블로그 A부터 Z까지 차근차근 가르쳐 드립니다'라고 말하는 사람이 있고, '블로그 체험단, 이렇게 하면 당첨됩니다'라고 말하는 사람이 있다. 동일하게 블로그를 이야기하고 있지만 각각 다른 타깃에게 다른 경험을 이야기한다.

그럼 나는 어땠을까? 내가 운영했던 '찐'블로그는 일주일에 2회 포스팅 하는 습관 프로젝트였다. 블로그 좀 한다 하는 사람들은 '에계?'라고 했다. 나는 블로그를 꾸준하게 쓰는 것이 너무 힘든 사람이었다. 나의 이야기에 사람들이 관심을 가지고 있다는 걸 알고 있어도 꾸준히 써지지가 않았다. 일주일에 하나 쓰는 것도 버거웠다. 이 모임을 열자 나 같은 사람들이 나타나기 시작했다. 그리고 그 와중에 일주일에 두 개도 못 써서 실패하는 사람들이 생겼다. 실패하고 벌금을 내는 사람들이 안타까워서 어떻게든 쉽게 쓸 수 있는 방법을 연구하고 알려 주기 시작했다.

또 그렇게 운영을 하면서 보니 함께하는 사람들이 어떻게든 써야 하니까 꾸역꾸역 의미 없는 일기를 남발하고 있었다. 그걸 읽는 내가 시간 낭비라고 생각할 만한 글을 쓰고 있었다. 그래서 또 이야기하기 시작했다. 나한테만 유용한 글 말고 다른 사람들에게도 도움이 되는 글을 써 보자고. 공감 가는 글이든, 웃음을 주는 글이든. 정보를 주는 글이면 더 좋고. 어쨌든 이걸 읽는 사람들의 시간을 적어도 낭비하게 만드는 글은 쓰지 말자고.

그렇게 내가 운영하는 모임의 색깔이 만들어졌다. 블로그를 하는 게 쉽지 않지만 나를 드러내는 가장 유용한 도구라고, 그러니 쓰자고, 사람들에게 도움이 되는 글을 쓰자고 했다. 내가 가지고 있는 것을 일단 다 나눠 주자는 마음으로 쓰자, 그거면 충분하다는 이야기를 하게 되었다. 그리고 함께하는 사람들이 이 블로그를 통해 자기만의 프로젝트를 만들 수 있도록 돕기 시작했다. 엄마들이 소비가 아닌 생산의 주체가 되는 시간, 그것을 가능하게 만드는 SNS에 대한 이야기를 한 건 뜬금없이 나온 것이 아니었다.

만약 누군가가 나와 똑같은 목적으로 똑같은 방식의 프로젝트를 한다고 하면, 그건 양심의 문제다. 한 개인의 색깔과 방식을 완전하게 따라 한 거니까. 하지만 그런 게 아니라면 크게 문제 삼지 않는 것이 좋다. 프로젝트에는 개인의 서사, 개인의 스토리가 담겨 있다. 그것은 쉽게 흔들리지 않는다.

그래도 못 참겠고 화가 난다면 돈을 지불하고 상표권 등록을 하면 된다. 만약 상표권을 등록할 수 없거나 그런 돈을 지불하고 싶지 않다면 아직 나의 정체성이 담겨 있는 정도는 아니라고 인정하면 된다. 나도 앞서가는 누군가의 발자취를 따라가고 있는 것일 뿐임을 받아들이고 계속 정진하면 된다.

그렇다고 함부로 다른 사람의 것을 가져다 써도 좋다는 말은 아니다. 나의 프로젝트를 만들기 전에 레퍼런스가 필요한 것도 맞다. 참여해 보고 자기만의 것을 만들어 보는 건 나쁜 방법은 아니라고 생각한다. 다만 그렇게 됐을 땐 참여했던 곳에 양해를 구하는 것이 맞지 않을까 싶다.

나의 레퍼런스가 된 사람에게 감사하고 자기만의 방식으로 새로운 시작을 하는 사람을 응원하는 것, 그게 서로 함께 성장하는 윈-윈 방법인 것 같다. 생각보다 나를 바라보는 사람들이 많다. 지켜보는 사람이 없을 것 같지만 의외로 많다. 단지 모른 척할 뿐이다.

『디지털 평판이 부를 결정한다』에서 마이클 퍼틱은 다음과 같이 말한다.

"디지털 저장 혁명이 가져온 가장 분명한 결과는 평판의 오점 역시 영원토록 남게 될 것이라는 점이다. 디지털 왕국에서는 단 한 번의 실수도 당신을 영원히 따라다니게 된다."

실수하지 않으려고 다른 사람들을 극도로 신경 쓰라는 말이 아니다. 다만 이 세계가 그리 호락호락하지 않다는 걸 기억해야 한다는 것이다. 이왕이면 서로에게 피해가 되지 않도록, 사람과 사람 사이의 기본적인 예절 정도는 지키면 좋겠다.

새롭고 신선한 원본이 되기 위해서 일희일비하거나 부들부들하

지 말고 각자의 길을 걷자. 가다 보면 확고한 내 색깔이 생기는 날
이 오지 않을까. 나는 오늘도 그날을 꿈꾼다.

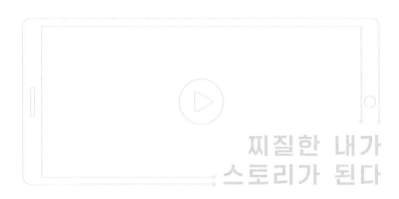

찌질한 내가
스토리가 된다

책을 쓰고 종종 들었던 이야기가 있다. "이렇게까지 써야 했어?" 특히 가족들은 좀 더 예민하게 반응했다. "뭘 그런 것까지 썼어?" 혹은 "그거 너무 과장되게 쓴 거 아니니?" 나도 그것들을 쓸 때 고민하지 않았다면 거짓말이다. 남편의 월급, 우리가 살았던 하수처리장, 엄마와의 관계, 지독하게 내향적인 성격, 헛발질하던 육아 등 뭔가 '찌질함'의 완전판 같은 나의 이야기가 나라고 편했을까.

유유자적 숲에서 기타 치며 "아이는 스스로 크는 거예요"라고 말하는 베짱이 엄마, 가정에 헌신적인 다정한 남편, 다섯 식구가 가꿔가는 '숲 육아' 혹은 '자연 육아'만으로도 한 권의 육아서가 되었을

지도 모른다. 우리는 우리의 선택에 만족했고, 행복했고, 삶의 여유
를 누리고 있었으니까. 그조차 거짓이 아니니까.

하지만 만약 나의 이야기가 거기까지였다면 나는 그렇게 많은
사람들로부터 공감받지 못했을 것이다. 전문가의 육아법도 아니고
영재를 키우는 엄마의 교육법도 아닌 평범한 가정의 이야기가 사람
들의 마음에 닿은 것은 '나도 이렇게 힘들었는데', '나도 그렇게 고
통스러웠는데' 하는 공감이었을 것이다.

사람들이 '너는 그렇게 살아서 좋겠다' 식으로 비아냥거리지 않
고, 비슷한 시간을 겪었지만 결국 원하는 삶을 선택하고 앞으로 나
아간 가족을 응원한 것도 마찬가지로 공감대를 형성했기 때문에
가능한 일이었다. 혼자만의 행복 예찬이 되지 않았기 때문이다.

내가 SNS에서 가장 중요하게 생각하는 것은 '서사'이다. 서사
는 사건의 연속, 인과관계를 가진 이야기이다. 나라는 사람이 드러
나려면 행위에만 초점이 맞춰져서는 안 된다. 행위의 이유가 있어
야 하고, 그 이유에는 맥락이 있어야 한다. 그 맥락이 사람들을 납
득시켰을 때 우리는 공감을 얻고 수많은 사람들 중의 하나가 아닌
나로서 존재할 수 있다.

그런데 그 공간이라는 것이 언제 일어날까? 서로의 민낯이 마주했을 때, 진심이 닿았을 때, 그런 때 우리는 상대에게 공감하지 않을까.

SNS 세상은 있어 보이는 것들이 실시간으로 업데이트되는 공간이다. 한참을 줄 서서 기다려야 마실 수 있다는 커피, 하늘과 맞닿아 있는 수영장, 예쁘고 화려한 옷이나 가방. 그뿐인가. 모델하우스 뺨치게 깨끗한 거실, 예쁘고 단정하게 꾸며진 아이들, 아가씨라고 해도 믿을 만큼 젊고 아름다운 엄마의 모습. 물질이든 공간이든, 하물며 사람이든 SNS에는 그게 무엇이든 부러운 것들로 가득하다. 그곳에 동참하고 싶은가? 나도 꽤 '있어빌리티' 하다고 자랑하고 싶은가?

그런데 그들의 SNS를 자세히 들여다보면 그곳에는 그 사람이 존재하지 않을 때가 많다. 부럽고 좋은데, 그건 알겠는데, 그런데 거기엔 그 사람이 없다. 그렇다면 굳이 애써 SNS를 해야 하는 이유가 있을까? 요즘 많이들 말하는 나다움을 찾으려고, 나답게 살고 싶어서 그렇게 온갖 장애를 무릅쓰고 이 세계에 들어왔는데, 나를 그렇게 소비되는 이미지 안에 가둬야 할까? 그건 오프라인에서 이미 많이 했고, 하고 있으니까 그 세계의 이야기로 남겨 두고 이곳에선 나를 온전히 드러내 사람들과 공감하는 지점을 찾는 일에 좀 더 집중해 보는 게 어떨까.

함께 블로그를 하는 이들 중에 '폼폼하우스'라는 닉네임으로 활동하는 분이 있다. 그분은 네 채의 쉐어하우스를 운영하고, 여러 가지 물건을 위탁 판매하는 스마트스토어를 운영하고, 경매를 통해 부동산 투자를 하고, 원어민과 화상 영어를 연결해 주는 일을 한다. 여기에 집에서 할 수 있는 교습소 자격과 요가 강사 자격증도 있다.

이 사람의 SNS를 보고 나는 '참 다재다능한 분이구나' 했다. 한편으로는 '왜 하나에 집중을 못하고 그렇게 다양하게 일을 벌이셨을까?' 살짝 궁금하긴 했으나 그렇게 임팩트 있게 기억에 남진 않았었다. 얼마 전 이분이 N잡에 대한 전자책을 쓰셨기에 그 강의를 한번 해 달라고 요청을 드렸고, 나는 그제야 '폼폼하우스'라는 사람의 서사를 알게 되었다.

그녀는 오랜 시간 임신을 준비해 온 사람이었다. 직장을 다니면서는 그것에 집중할 수 없으니 집에서 할 수 있는 일들을 찾았다. 네 채나 운영하는 쉐어하우스는 본인의 수익이 아니었다. 자신이 배운 운영 노하우를 가지고 아버지의 자금으로 쉐어하우스를 운영해서 그 수익금을 아버지께 온전히 드리고 있었다. 직접 용돈을 드릴 수 있는 형편은 아니지만, 아버지의 돈을 굴려서 생활비를 마련해 드렸던 것이다.

이 이야기를 듣자마자 저절로 그녀에게 호감이 생겼다. 이 사람이 벌여 놓았던 모든 일들이 하나로 연결되면서 마음씨 착한 딸의 모습까지 드러난 것이다. 이런 게 바로 서사고, 맥락이다. 이것들을 하나씩 SNS에 적어 보는 것이 우리가 말하는 스토리텔링이다. 때로는 드러내고 싶지 않은 모습도 있다. 하지만 내가 하는 일들을 한 번에 설명해 줄 수 있는 이유가 되는 이야기라면 용기 내어 꺼내 보는 것이 좋다.

만약 딸아이를 가진 엄마라면 이렇게 좋은 의도를 가지고 운영되는 쉐어하우스에 아이를 보내고 싶을 것 같다는 생각이 들었다. 누가 시키지 않아도 그녀에게 기쁜 소식이 들려오기를 바랄 것이고, 그녀가 하는 일들이 무엇이든 응원할 것이다.

결국 사람의 마음은 진짜 이야기에 움직이게 되어 있다. 리얼 스토리 말이다. 설사 그게 '짠내' 가득하더라도, '찌질함'의 극치여도 아무렴 어떤가. 내가 그 절망 안에 갇혀 있다면 지지리 궁상이고 신세 한탄이지만 나는 거기서부터 출발한다. 하나씩 하나씩 극복하고, 다져서, 결국 일어난다.

　오해하지 말아야 할 것은, 그렇다고 억지로 쥐어짤 필요는 없다는 점이다. 그런 것이 아니더라도 나의 지금을 기록하는 것부터 시작해 보자. 그렇게 용기 내어 기록을 시작하는 것은 절대 마이너스가 되지 않는다.

　우리는 누군가의 현재 모습, 잘나가는 모습에 부러움을 느낀다. 그들의 화려한 모습에 반하기도 한다. 하지만 그 빛나는 사람의 처음을 만났을 때, 나와 별다르지 않은 혹은 나보다 더 처절했던 모습을 발견했을 때, 그리고 거기서부터 차근차근 단계를 밟아서 지금에 이른 과정을 알게 되었을 때 단순히 '좋아요'가 아니라 그 사람을 진심으로 응원하게 된다. 각종 오디션 프로그램에서 결국 1등을 거머쥐는 사람들을 보면, 결국 서사가 있는 사람이다.

　물론 두렵다. 나도 그렇다. 이 화려한 SNS의 세계에서 있는 그대로의 나를 까 보이는 일이 무모해 보이기까지 한다. 늘 가면을 쓰고 살아왔는데, 왜 이런 곳에서 나의 민낯을 드러내야 할까. 그런 생각이 나를 사로잡을 때마다 나는 한 뼘 정도의 용기를 낸다. 나로 살고 싶은 용기, 타인의 시선으로부터 자유로울 용기, 그것을 이 얼굴이 보이지 않는 세계에서 시도해 본다.

어쩌면 그 시도가 내 다음을 기약하게 하는 원동력이 될지 누가 아나. 그래서 나는 오늘도 호수 위 백조처럼 열심히 두 발을 구르는 나를 기록한다. 진짜 자유로이 하늘을 나는 나비가 되는 날까지 나의 '짠내' 나는 기록은 멈추지 않을 것이다.

내가 보는 나,
남이 보는 나

SNS를 하다 보면 가끔 난처한 상황을 겪는다. '나날 님, 요즘 진짜 잘나간다'는 이야기를 들을 때가 그렇다. 물론 엄마인 내가 여러 가지 일을 하는 상황이 평범하지는 않지만 사람들이 생각하는 정도의 성과는 아니다. 그럼에도 그런 이야기를 자주 들었다. 이상하다. 나는 매일 집에서 이렇게 아이들과 지지고 볶으며 사부작거리는 것이 전부인데, 왜 자꾸 그런 이야기를 할까.

책을 출간하고 나는 한동안 바닥으로 가라앉는 것 같았다. 도대체 책을 어떻게 팔아야 하는 걸까? 난생처음 마케팅, 브랜딩 같은 나와는 관련 없는 단어들을 떠올렸다. 1인 출판사는 책을 팔 힘이 없었고, 무조건 내가 두 발로 뛰어야 하는 상황이었지만, 뭘 해야 할지 도통 알 수가 없었다.

카카오톡을 열고 한참 사람들의 이름을 바라보았다. 평소 연락을 하던 지인도, 연락을 하지 않았던 지인도, 그게 누구든 책을 냈다고 말하기가 힘들었다. 살면서 한 번도 무엇을 팔아 본 적도, 아쉬운 소리를 해 본 적도 없었으니 어쩌면 당연했다.

눈 딱 감고, 한 사람 한 사람과의 인연을 떠올리며 메시지를 남겼다. 식은땀이 절로 흘렀다. 그뿐 아니었다. 방문한 적이 있거나 내 책과 비슷한 결이 느껴지는 동네 책방에 인스타그램으로 메시지를 보냈다. '안녕하세요. 저는 이번에 책을 낸 곽진영입니다'로 시작한 메시지는 대부분 답장조차 받지 못했고, 그나마 받은 답도 거절의 내용이었다. 어떤 책인지도 알 수 없는 초보 작가가 출판사를 통해서도 아니고 직접 연락을 했으니 그분들은 얼마나 황당했을까. 심심치 않은 사과를 드린다.

그런 시간이었다. 뭐라도 해야 할 것 같아서 아무거나 닥치는 대로 시도했지만 열에 아홉은 실패로 끝나는, 맨땅에 헤딩하던 시절. 그때 내 기분은 어땠을까? 가라앉았지만 마냥 그런 시간만은 아니었다. 그때 나는 이 모든 상황을 '당연하다'고 받아들였다. 검증되지 않은 사람, 들어 본 적 없는 저자가 나였으니까. 내가 이렇게 애를 써야 하는 건 당연한 거라고, 이 거절은 나라는 사람에 대한 거절이 아니라 초보 저자에 대한 거절이라고 생각하니 얼마든지 해 볼 수 있다는 생각이 들었다. 내 원고를 알아봐 준 출판사 대표님처럼 내 책을 알아봐 줄 한 사람이 어디엔가 있을 거라는 믿음으로 끊임없이 들이댔다.

내가 이 일화를 쓰는 것은 '저 책 내고 힘들었어요'를 얘기하기 위함이 아니다. 그렇게 열 번 중 아홉 번을 거절당하고 겨우 잡은 한두 번의 북 토크 기회가 감사했다. 정성스럽게 마음을 다하여 준비했고, 좋은 반응을 이끌어 냈고, 함께한 사람들도 마음이 우러난 후기를 남겨 줬다.

북 토크가 끝나면 내 노력으로 만들어 낸 이 스토리를 기록했다. 상투적인 기록일 수가 없었다. 바닥까지 떨어진 자존감을 붙들고 겨우 하나 해냈다 하는 안도감을 느꼈을 때 그런 내 기록을 마주하는 사람들에게는 '나날이 참 잘하네'로 비쳤다. 여러 곳에서 연락이 오기 시작했다. 실패를 거듭한 기록 하나는 세상에 나의 이야기를 알리는 통로가 되었고, 나의 이야기를 듣고자 하는 사람들이 조금씩 늘어났다.

요즘 너도나도 퍼스널 브랜딩이 중요하다는 이야기를 많이 한다. 퍼스널 브랜딩이란 자신을 브랜드화하여 특정 분야에서 먼저 자신을 떠올릴 수 있도록 만드는 과정, 차별화되는 나만의 가치를 높여서 인정받게끔 하는 과정을 말한다. 결국 퍼스널 브랜딩이란 내가 만들어 놓은 이미지가 아니라 다른 사람이 나에 대해서 떠올리는 이미지이다. 내가 아무리 나는 이런 사람으로 비치고 싶다고 애를 쓰고 꾸며도 나를 보는 이들이 그렇게 생각하지 않으면 말짱 도루묵이다.

반대로 내가 전혀 의도하지 않았는데 사람들이 나를 어떤 특정한 이미지로 봐 준다면, 그것이 긍정적인 의미라면 나는 그 부분을 좀 더 발전시켜 나갈 수 있다. 결국 나의 것을 만드는 과정도 중요하지만, 그것을 바라보는 사람들의 이야기에 관심을 갖는 것도 중요하다.

겨우 열 번 중에 한 번 성공했던 조금 부끄러운 기록은, 단지 몇 번의 북 토크를 성공했고 몇 권의 책을 팔았다, 와는 상관이 없었다. 내향적인 사람이 청중 앞에서 그렇게 떨면서도 기어코 할 말을 하고 오는 모습. 평범한 엄마가 어떻게든 책을 팔아 보겠다고 안간힘을 쓰며 문을 두드리는 모습. 사람들은 이런 내 모습을 보고 같은 엄마로서 내가 느끼는 막막함에 공감하고, 내가 앞으로 한 발자국 내밀 때 대리 만족 같은 것을 느끼며 응원하고 있었다는 걸 나중에 알게 되었다.

결국 나의 스토리는 숲 육아, 코로나19 육아를 쓴 육아 에세이가 아니라 전업주부였던 여자가 알을 깨고 세상으로 박차고 나가고자 하는 시도였다. 집에서 시작한 사회 활동을 하면서도 한쪽으로 치우치지 않고 여전히 가정과 자신의 가치관을 지키려고 매번 흔들리지만 균형을 잡으려는 모습이 누군가에게 어떤 영감이 된다는 것을 알게 되었다.

온라인 활동을 시작한 사람들은 누구나 자신을 알리기를 원하고 브랜딩 되기를 원한다. 그렇다면 이 책 1장 "현재의 '나'와 마주하다"에 나와 있던 작업을 신중하게 해야 한다. 내가 누구인지, 나는 어떤 가치를 가지고 있는 사람인지, 무엇을 좋아하고, 무엇을 잘하는지, 무엇을 하기를 원하는지 하나씩 하나씩 파악해야 한다. 개인 브랜딩은 나 자신에 대한 이해에서부터 시작되기 때문이다. 나를 알아야 내가 누군가에게 무엇을 줄 수 있는지도 알 수 있다. 모든 시작은 나로부터다.

브랜딩이라는 것은 내가 보는 나와 남이 보는 나의 조화이다. 나라는 사람을 기록하고 내가 보이고 싶은 모습으로 만들어 나가되 그것이 항상 내가 의도하는 방향으로 가지는 않는다는 걸 명심하는 것. 상대에게 맞추는 게 아니라 나의 어떤 면을 상대가 호감을 가지고 지켜보는지를 체크해 보는 것. 이 둘이 상호작용할 때 나라는 브랜드가 완성되어 간다.

무조건 내가 원하는 것만을 고집한다거나, 오롯이 다른 사람의 취향만을 반영한다면 나 홀로 독불장군이나 무색무취의 사람이 되기 십상이다. 적절한 균형을 이루어야 한다. 나의 것을 만들면서 주변 사람들과 소통함으로써 조금씩 다듬어 갈 수 있다.

질문을 해 보는 것이 중요하다. 나 자신에게 질문을 던질 필요도 있지만 다른 사람들에게 물어보기도 해야 한다. 이때 브랜딩을 함께해 나가는 동행자들이 주변에 있으면 좋다. 무조건적인 애정을 보인다거나 무조건적인 비판을 하는 사람들보다는 함께 고민해 가는 사람들과의 모임이 있을 때 가장 좋은 피드백을 받을 수 있다. 내가 고민하는 만큼 상대의 고민도 볼 수 있기 때문이다.

그러나 무조건 타인의 이야기가 정답은 아니다. 내가 원하는 방향을 가장 잘 아는 것은 '나'이다. '나의 브랜딩'이기 때문이다. 그러므로 가장 우선되어야 할 것도, 가장 비중 있게 다뤄야 할 것도 나

를 향한 질문이다. 그럴 때 나의 브랜딩은 순풍을 타고 항해할 수
있다.

어리석어 보여도
기브 앤드 기브

언젠가부터 남한산성에 사람들이 찾아오기 시작했다. 우리 엄마
도, 시어머니도, 하물며 친한 친구들도 찾지 않는 곳에 얼굴 한 번
마주한 적 없는 온라인 친구들이 다녀가기 시작했다. 아무 이유 없
이 그냥 얼굴이 보고 싶어서 왔다고 하기도 하고, 말 못할 고민거
리를 들고 오기도 했다. 온라인 활동을 하며 생기는 어려움을 가지
고 오기도 했고, 책 쓰기에 대한 조언을 구하러 오기도 했다. 희한
한 일이었다.

그들과 내가 딱히 연고가 있는 것도 아니었다. 그저 온라인에서
몇 번 인사를 나눴고, 내 책을 읽었거나 내 프로젝트에 한두 번 참

여했던, 정말 친구의 친구보다 먼 관계였다. 찾아온 이들 중에는 코칭이나 컨설팅 비용을 받으라고 하는 사람도 있었다. 아마 비용을 내지 않고 여러 가지 도움을 받는 게 내심 불편했던 모양이다. 그런데 나로서는 먼 곳에서 여기까지 발걸음을 해 준 것만으로도 충분했다. 내가 가진 경험과 지식으로 누군가를 도울 수 있다는 것이 그저 감사했다.

누군가는 말했다. 그렇게 공짜로 다 퍼 주다가 상처받는다고. 무조건적인 기브(give)가 좋은 것이 아니라고. 정당한 대가를 받아야, 받는 사람도 고마워 할 줄 안다고. 그래야 내 가치가 올라간다고 말이다. 나를 위한 조언임을 안다. 그리고 분명 그렇게 해야 하는 시점이 있다는 것도 안다. 그런데 여기 한 가지 간과한 것이 있다. 모든 대가를 돈으로만 지불할 수 있는 것도 아니고, 모든 대가를 돈으로만 받는 것도 아니다.

• 때로는 시간이 돈보다 더 가치 있다 •

나는 현재 시간당 수십만 혹은 수백만 원의 컨설팅을 해 줄 만한 능력이 되지 않는다. 물론 내 경험이 쌓일수록 내 가치는 올라갈 것이다. 그러나 현재의 나는 거기까지 도달하지 못했다. 시간당 나의 가치를 매기기 위해서 애써 고민해야 한다. 적당한 금액을 찾기 힘든 애매한 지점에 서 있기 때문이다. 사람들은 이런 불분명한 시점에 군이 가격을 책정해서 사기꾼과 직업인 사이의 경계선에 위태롭게 서 있다. 나는 그런 곳에 쓰는 에너지를 과감히 삭제했다.

남한산성에 사람이 찾아오는 것은 나에겐 그런 의미다. 내가 누군가를 만나러 가는 시간과 비용을 삭제하는 일이다. 특히 나처럼 세 아이의 일상을 책임지면서 집에서 일을 하는 사람에게 누군가를 만나러 외부로 나가는 것은 꽤 큰 기회비용이 날아가는 일이다. 교통도 불편한 곳에 일부러 찾아오는 것은 오는 이에게도 쉽지 않은 일이다. 우리 사이엔 이미 충분한 대가가 치러졌다. 사람을 만나 고민을 듣고 조언을 해 주는 것은 나의 경험치가 쌓이는 일이기도 하다.

• 질문에서 콘텐츠가 탄생한다 •

내가 육아와 관련된 책을 썼으니 교육에 대한 고민을 들어주고, 작은 학교의 장단점을 이야기해 주는 건 당연한 일이었다. 그런데 정작 그런 고민을 가진 분들을 직접 만난 일은 없다. 가끔 메일이나 인스타그램 DM으로 질문을 주셨다.

남한산성으로 와서 조언을 구했던 분들은 대부분 책 쓰기나 글쓰기, SNS 운영 방법에 대해 물어 왔다. 대부분 꿈꾸지만 막막했으며, 나와 별다를 바 없는 저 엄마는 해냈으니 물어보고 싶었을 것이다. 같이 책을 썼던 작가님들도 책 홍보나 SNS에 대한 질문을 끊임없이 했었기 때문에 그분들에게 내 방법을 얘기해 주기 시작했던 것이 결국은 내 콘텐츠가 되었다.

이런 건 내가 작정하고 달려든 것이 아니었기 때문에 내가 잘하고 있다고 인지하지 못했다. 누군가에게 내가 잘하는 사람으로 보였고, 그 부분의 조언을 구했기 때문에 나는 대답을 하면서 내가 가진 다른 재능을 발견한 것이다. 만약 내가 그들과의 만남을 따져 보고 돈도 안 되는 일, 시간 낭비라고 생각했다면 나는 내가 가진 장점이 무엇인지 오랫동안 찾아 헤맸을지도 모른다.

• 사람들이 찾아온다는 것은 브랜딩의 시작이다 •

아무리 내가 이런 사람이라고 소리쳐도 소리 없는 메아리일 때가 많다. 우리가 흔히 마케팅이라고 하는 것은 상품을 '파는 것'인데 이것을 개인에 적용해 '나'를 팔려고 하는 사람들이 많다. 파는 것에는 한계가 있다. 계속 새로운 무엇과 경쟁해야만 하기 때문이다.

빌 비숍의 『핑크펭귄』에 '마그네틱 마케터'라는 용어가 나온다. 마그네틱 마케터는 찾아다니는 것이 아니라 잠재 고객이 찾아오게 만든다. 가치 있는 것들을 무료로 이용할 수 있게 하고 욕구를 갖도록 만드는 것이다.

의도했던 건 아니지만 남한산성을 방문한 사람들은 숲의 힐링 효과와 나를 만난 이야기를 SNS에 올렸고, 그것들은 차곡차곡 쌓여 갔다. 숲에서 세 아이를 키우며 SNS에 기록하는 엄마, 자신의 삶을 글로 쓰는 엄마. 나는 그런 사람이 되었다. 어떤 사물이나 장소를 보면서 한 사람을 떠올린다는 것은 굉장한 일이다. 그것은 돈을 주고도 쉽게 되지 않는 일이지만, 그저 내가 가진 것을 내가 할 수 있는 한에서 했던 것이 결과적으로 나라는 사람의 정체성이 되었다.

주고 또 주는 일. 자본주의 사회에서 바보 같은 일로 보일지 모른다. 그런데 준 것보다 큰 것이 돌아올 때가 많다. 나의 경험처럼 말이다. 그리고 그중에 가장 큰 것은 사람이다. 온라인 활동 시간이 늘수록 이 '사람 재산'이 가장 많이 쌓인다.

심적으로도 일적으로도 도움을 주고받는 인연이 늘어 간다. 우리 사이에 공감과 신뢰가 싹튼다. 받을 것을 생각하지 않고 주었기 때문이다.

이 연결의 힘을 가장 크게 느꼈던 것은 책을 쓰고 난 후였다. 내시간과 에너지를 쏟아 넣은 자식 같은 책을 손에 들고 어찌할 바를 모를 때 차곡차곡 쌓여 간 인연들이 손을 내밀어 주었다.

세상에 존재하는 줄도 모르는 이름 없는 엄마 작가의 책은 그렇게 주변 사람들의 입소문에, 서평에, 이야기할 수 있도록 마련해 준 기회에 조금씩 팔려 나가기 시작했다. 대구에서, 울산에서, 포항에서 얼굴 한 번 마주한 적 없는 온라인 인연들이 도움의 손길을 뻗어 오기 시작했다. 너무 많은 마음을 받아서 내가 이 마음을 다 갚을 수 있을까 두려울 만큼 감사함이 쌓여 갔다.

"나중에 이렇게 도움 받은 거 또 자기 같은 사람 도와주면 돼. 그렇게 도와주면서 사는 거야."

내가 처음 숲에 와서 백일도 안 된 아가를 데리고 손을 보태지 못해서 어쩔 줄 몰라 하고 있을 때 한 선배 학부모가 나에게 했던 말

이다. '나에게 갚지 않아도 된다. 너 같은 사람을 도와주며 갚으라'
는 말이었다. 그로부터 3년이 지난 지금, 나는 여전히 그 말을 떠
올리며 산다. 내가 받았던 도움의 크기와는 비교할 수 없지만 내가
할 수 있는 만큼의 도움을 흘리며 살려고 한다.

  나처럼 막막한 시작을 하는 엄마들에게 흘리며 살자고 생각했
다. 내가 맨땅에 헤딩하는 것 같은 그 마음을 제일 잘 아니 돕고 싶
었다. 그렇게 내가 받은 도움을 흘려보내며 보답하는 마음으로 열
심히 응원하는 것, 그게 내 역할이었다.

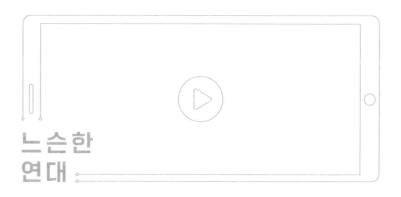

느슨한
연대

2020년 트렌드의 공통 키워드는 '느슨한 연대'였다. 보통 이야기하는 공동체는 끈끈하게 뭉쳐 있는 집단을 뜻한다. 혈연, 학연, 지연으로 묶여 있고, 어떤 가치관으로 하나가 된 '우리'가 지향하는 것은 '대의를 위한 개인의 희생'이다.

내가 살고 있는 마을도 그런 곳이다. 교육이라는 대의 아래 어느 정도 개인의 삶을 희생한다. 여러 가지 선택을 할 때 나의 생각보다는 공동체의 규칙을 먼저 떠올려 보는 것이다. 그리고 이 공동체는 늘 위기를 겪는다. 사람들은 더 이상 개인의 희생을 원하지 않기 때문이다. 공동체를 지키려는 자와 개인의 자유를 추구하는 자의 대립이 항상 이슈가 된다.

느슨한 연대는 이와는 완전 반대다. 트렌드 분석가 김용섭의『라이프 트렌드 2020』에 보면, 느슨한 연대의 특징은 '훼손되지 않는 나의 감정'이고, 취향과 목적에 따라 참여할 수 있고, 참여할 수 있는 공동체의 개수는 무한대이며, 나의 스타일과 맞지 않다고 느끼거나 나의 신념에 보다 최적화된 공동체를 찾았다면 가입과 탈퇴를 자유롭게 할 수 있다.

온라인 세상에 들어와서 가장 좋았던 점은 이러한 느슨한 연대였다. 취향과 관심사가 비슷한 사람들과의 만남이 좋았다. 그들과 함께 나누는 대화가 즐거웠다.

그들의 나이나 사는 곳 같은 것은 그렇게 중요한 정보가 아니어서 들었어도 쉽게 잊어버렸다. 나이 차가 꽤 많은 사람들과도, 나보다 한참 어린 사람들과도 격 없이 이야기를 할 수 있었다.

소모적인 대화가 아닌 생산적인 대화였고, 내가 놓치고 있는 것들을 발견하는 대화였다. 성장하려는 사람들의 열정이 반짝 빛나는 그 순간들이 좋았다. 지금 나의 관심사가 아닌 것, 예를 들면 사적인 영역 침해 같은 것에 대해서는 이야기하지 않았다.

나처럼 개인적인 시간과 공간을 중요하게 여기는 사람에게 온라인 모임은 신세계였다. 오프라인 세계에서는 자발적 아웃사이더를 자처하는 내가 온라인 세계에 깊숙이 들어갈 수 있었던 것도 어쩌면 이런 느슨한 연대 덕분이었다.

혼자 있는 시간, 가족과 함께하는 시간이 중요하지만 가끔은 내 마음을 떨리게 하는 것들, 내가 관심 있게 보고 있는 것들에 대해 이야기할 사람이 필요하기 때문이다. 딱 그런 이야기만 할 수 있는 사람들이 있다는 것은 내게 엄청난 일이었다.

피터 홀린스의 『혼자 있고 싶은데 외로운 건 싫어』라는 책 제목과 딱 어울리는 사람들에게 이 느슨한 연대는 한 줄기 희망이다. 특히 아직 어린 아이를 키우는 엄마들에게 이곳만큼 나의 리듬에 맞춰 나를 성장시킬 수 있는 곳은 드물다.

내가 처음 독서 모임에 참여했던 것도 막 셋째를 낳고 난 후였다. 어린이집에 보내지 않는 어린 아가와 할 수 있는 일이 없었다. 그러다 용기를 냈다. 토요일 새벽 5시, 세 아이와 남편이 곤히 잠들어 있는 시간, 후다닥 준비를 하고 아침 7시에 시작하는 독서 모임을 찾았다.

잠깐의 외출이었지만 몇 시간 안 되는 그 순간이 내겐 눈물이 날 만큼 감동적인 시간이었다. 나를 찾아가는 여정에 대해, 내가 생각하는 것들에 대해 비슷한 듯 다른 생각을 가진 사람들과 짧게나마 대화를 하고 오면 더 이상 나는 아무것도 아닌 존재가 아니었다.

"나는 다림질, 세탁, 설거지, 요리 같은 집안일을 하는 게 좋다. 직업을 묻는 질문을 받으면 늘 가정주부라고 적는다. 찬탄할 만한 직업인데 왜들 유감으로 여기는지 모르겠다. 가정주부라서 무식한 게 아닌데. 잼을 저으면서도 셰익스피어를 읽을 수 있는 것을."

『타샤의 정원』(타샤 튜더, 토바 마틴 지음)에서 타샤 튜더는 잼을 저으면서 셰익스피어를 읽을 수 있는 사람이라고 자신을 표현한다. 물론 나는 그녀만큼 집안일을 좋아하지 않는다. 그러나 직업을 물으면 전업주부라고 말한다. 거기에 알게 모르게 자격지심 같은 것들이 있었다.

그러나 이 느슨한 연대를 경험하고 나서 나는 더 이상 내 직업, 내 정체성에 대해 의심하지 않았다. 나는 책을 읽고 성장하는 사람들과 느슨한 연대로 함께하는 사람이라는 자부심 같은 것이 생겼다. 그들은 끊임없이 집 안에 있는 나를 자극했다. 한 달에 한 번, 잠깐의 외출은 그 이후의 내 삶을 송두리째 바꾸어 놓을 만큼 강력했다.

만약 이 연대가 나에게 어떤 책임이나 희생을 요구했다면 나는 그토록 오랫동안 이 모임에 나갈 수 있었을까? 그래서 나는 엄마들이, 특히 직장이나 육아에 묶여 있는 엄마들이 이 느슨한 연대를 잘 활용하기를 바란다.

물론 이 느슨한 연대에 장점만 있는 건 아니다. 종일 끊임없이 울리는 알람이 싫어 무음으로 해 놓고, 다 확인도 안 한 채로 내버려두는 단톡방이 하나둘 늘어난다는 것은 더 이상 그 관계가 느슨하지 않다는 이야기이기도 하다.

유튜브 구독 채널을 보면 그 사람의 요즘 관심사를 알 수 있다고한다. 유튜브 구독은 일방적으로 내가 자유롭게 취사선택할 수 있으니까. 그런데 카카오톡의 단체방을 보면 그 사람의 관심사를 알수 있을까? 그건 좀 힘들 것 같다. 친목 때문에 혹은 눈에 띌까 봐나오지도 들어가지도 못하는 방이 꽤 많을 테니까.

언제든 모일 수 있지만 언제든 흩어질 수 있는, 어떻게 보면 얄팍하고 한없이 가벼운 이 연대가 뭘 할 수 있느냐고 묻는다면 서로를 존중하는 독립적인 개인의 힘을 말하고 싶다. 한때의 관심사는비슷할 수 있지만 각 개인마다 가고자 하는 방향도 목적지도 다를 수밖에 없다. 그것을 인정하는 것부터가 시작이다. 그렇게 자신만의 물길을 만들어 가다가 가끔 연대하고 헤어지고를 반복하면서 자기만의 고유한 색깔을 만들어 갈 수 있다.

물론 그것에 익숙하지 않은 우리는 그 사이에서 계속 생채기가 날 수 있다. 흩어지는 순간이 나에 대한 거절로 느껴질 때도 있다. 나는 아직도 순간순간 그런 마음을 느낀다. 그러나 느슨한 연대의 본질을 알았다면 더 이상 그런 끈적거리고 질척이는 마음은 거두고, 자기만의 고유성을 찾아서 계속 헤엄을 쳐 가면 된다. 내가 가는 길이 힘들 때마다 어딘가에서 나처럼 고군분투하고 있을 동료를 떠올리면서, 이 외로움을 나 혼자만 느끼는 건 아니라고 위로하면서, 언젠가 어디에서 또 반갑게 만날 그들을 기다리면서 그렇게 나의 콘텐츠를 찾아간다.

PART 4

진정한 '나'로 살아남기

조급하면
사라진다

딱 지금 내 마음이다. 조급함. 원고를 계약했는데 글은 써지지 않고, 글을 써야 한다는 압박감에 SNS는 꾸준히 할 수 없고, SNS를 못 하다 보니 금방 사람들 사이에서 '나날'이라는 존재가 잊히는 건 아닐까 걱정하고, 걱정을 하다 보면 글이 안 써진다. 이 상태가 되면 빨간 경고등이 울린다. 위험하다는 신호다. 그럴 땐 재빠르게 한 걸음 뒤로 물러나는 것이 상책이다. 도망이 아니라 지금보다 넓은 시야를 갖기 위한 몸짓이다.

조급함의 신호는 내가 아닌 남을 바라볼 때 온다는 것을 알고 있다. 재빨리 나를 바라본다. 현재의 내 상태를 지긋이 본다.

처음 온라인 세상으로 들어왔을 땐 모든 게 즐거웠다. 그도 그럴
것이 어른의 언어를 잊었다고 생각할 만큼, 소통이 되지 않는 아이
와 유아어를 반복하고 있었다. 그 시간은 행복했지만 때때로 '어른
사람'과 공감을 주고받는 대화를 하고 싶었다.

가끔 동네 이웃을 만나도 서로 나누는 대화는 '엄마인 나'의 이야
기였다. 아이 키우는 일, 남편과의 관계, 시댁과의 에피소드가 이야
기의 주를 이뤘다. 누구도 그 모든 역할을 하기 이전의 나를 궁금
해 하지 않았다. 결혼하고 아이를 낳고 만나는 사람들이 바뀌었으
니 이런 생활에 익숙해져야 한다고 생각하면서도 가끔씩 엄마라는
가면 뒤의 내가 아우성쳤다.

그런 답답함을 달래 준 곳이 온라인 세계였다. 서로 모르는 사람
들이 몇 살인지 어디 사는지도 모른 채 누구누구의 엄마가 아니라
닉네임으로 불리는 가상의 공간에서 자신의 이야기를 털어놓았다.
서로의 이야기를 들어주고 공감하면서 이곳이야말로 내가 원하는
유토피아라고 확신했다.

그러나 여기는 총성 없는 전쟁터였다. 누가 더 트렌디한지, 누가 더 매력적인지, 누가 돈을 더 많이 버는지로 나의 위치가 정해지는 약육강식의 세계였다. 출발선에 옹기종기 모여 기쁨을 나누던 친구들은 어느새 같은 콘셉트를 가진 경쟁자가 되었고, 거침없이 치고 나가는 사람과 우물쭈물하는 사이에 뒤처지는 사람이 생겼다.

마치 지금 가만히 있으면 안 될 것 같은 분위기는 안전지대라고 생각했던 곳을 쉽게 허물어 버렸다. 즐겁게 웃고 있다가 순식간에 누군가의 지갑을 채워 주는 호구가 되고 낙오자가 되는 세상이었다. 그 세상에 치가 떨려 뒤도 안 돌아보고 떠나 버리는 사람이 생기고, 자극을 받아 뭐라도 일단 시작해 보는 사람이 생기는가 하면, 그러거나 말거나 묵묵하게 자신의 자리를 지키는 사람이 있었다.

그 와중에 나는 내 속도와 리듬을 잃지 않으려고 안간힘을 쓰고 있었다. 사라지고 싶지 않았지만, 무리 지어 달리고 싶지도 않았다. 내가 좋아하는 게 뭔지, 잘하는 게 뭔지 아직 잘 모르겠는데, 30년 넘게 몰랐고 이제야 천천히 찾아가는 중인데 일단 하라고 한들 뭘 할 수 있었을까. '수익화'를 뒤로 밀어 놓고 내가 한 것은 나의 스토리를 기록하는 일이었다. 내가 요즘 읽는 책, 내가 요즘 연습하는 기타, 남편과 나의 교육관, 숲에서의 일상 등등 내가 가진 것, 내가 좋아하는 것들을 꾸준하고 성실하게 온라인에 적어 나갔다. 거대한 파도에 휩쓸리지 않으려고 노력하고 노력한 시간이었다.

이런 시기야말로 끈기 있게 기록을 하면서 나를 들여다본 사람만이 흔들리지 않고 살아남을 수 있다. 앞으로 쭉쭉 달려 나가는 사람을 마냥 응원하는 속 좋은 사람이 되진 못하지만, 적어도 그들의 용기와 재능을 시샘하지 않고 축하할 수 있으려면 나를 바라보는 시선을 놓치지 말아야 한다. 그저 그의 때와 나의 때, 그가 가진 것과 내가 가진 것의 차이를 인정해야만 조급함에 일을 그르치지 않는다.

온라인 이웃이 상담을 요청하며 이런 질문을 했다.

"분명히 똑같이 시작했는데, 저만 한없이 부족해요. 저만 못난 사람이 된 것 같아요. 다른 사람들은 잘하고 있는데 왜 나만 이럴까요?"

비단 한 사람의 질문이 아니다. 블로그나 인스타그램 강의를 하다 보면 이와 비슷한 질문을 많이 받는다. 물론 나도 이 고민에서 벗어난 지 얼마 되지 않았다. 엄마로 살아가는 시간 동안 여전히 사회에서 커리어를 쌓아 가고 있는 친구들을 볼 때마다 나도 그런 생각을 했었다. '아니에요. 그들보다 부족하지 않아요. 충분해요.'

그런 대답은 하지 않았다.

우리는 가끔 착각을 한다. 그와 내가 똑같이 시작했다고. 그와 나의 출발선이 같았는데 그 사람은 단지 운이 좋았을 뿐이라고. 사실은 지금 이 순간의 시작만 같았을 뿐이다. 출발이 같다고 생각한 건 시간의 왜곡에서 느껴지는 착각이다.

한 사람의 인생과 서사는 저마다 다르다. 상대와 내가 함께 서 있는 '지금'이 오기까지 그가 얼마나 많은 시간을 쌓아 왔는지, 보이지 않으니 몰랐을 뿐이다. 그동안 응축된 힘이 얼마나 강력했는지 알 수 없었을 뿐이라는 것을 인정하면 더 이상 비교는 무의미하다. 비교는 나의 자존감만 깎아 먹는 것이 아니라 한없이 나를 비하하고, 비하하다 못해 상대를 원망하게 한다. 나만의 문제가 아닌 관계의 문제를 일으킨다. 그렇기에 비교에서 시작되는 조급함은 경계해야 한다. 내 생존과 직결되는 감정이기 때문이다.

'내가 가진 것들을 얼마나 나답게 표현하며 사느냐.'

우리의 경쟁력은 여기에 있다. 남들은 있고 나에겐 없는 것이 아니라 내가 가지고 있는 것을 빛나게 할 방법, 우리는 그걸 찾아야 한다. '누구처럼'이 아니라 '나다운' 것 말이다. 그러려면 내가 가진 무기를 찾아서 갈고닦는 시간이 필요하다. 나의 시선을 외부가 아닌 나에게로 끊임없이 가지고 오는 시간이다. 내가 어디가 예쁜가 한참 들여다보는 시간, 그런 시간을 충분히 누릴수록 조급함은 사라진다.

내 색깔이
곧 생존의 첫걸음

BTS 신드롬이라고 할 정도로 온 세계에서 그들의 노래가 들린다지만 정작 나와는 전혀 관계가 없는 일이었다. BTS를 실제로 검색해 본 것은 이웃들에게 "사실은 나도 아미"라는 수줍은 고백을 듣고 난 이후였다. '정말? 그 정도라고?' 호기심에 찾아봤지만 몇 번을 봐도 누가 누군지 구분이 잘 가질 않는다. 크게 주의를 기울이지 않았다는 말이기도 하다.

비단 BTS뿐 아니라 비슷한 시기에 나와서 비슷한 활동을 하는 아이돌들을 떠올리면 대부분 그렇다. 눈에 띄지 않는다. 그런데 시간이 흐르다 보면 어느 순간 '아' 하고 이미지가 떠오르는 얼굴이 생긴다. 날고 기는 연예인들 사이에서 유독 자기만의 독보적인 아우라를 풍기는 사람, 텔레비전을 보지 않는 나까지 알 수 있을 만한 존재감 있는 스타가 탄생한다.

아우라는 다른 사람은 흉내 낼 수 없는 '분위기'이다. 단지 예쁘고 잘생겼다고 해서 아우라가 있는 것은 아니다. 아우라는 결국 나만의 독특한 색깔이다. 복제할 수 없고 따라 할 수 없는, 그 사람 자체에서 발산되는 에너지이다. 그 에너지는 나로부터 시작된다.

SNS 안에서는 어떨까? 모두 비슷한 제품과 사진, 콘텐츠를 가지고 별다르지 않은 이야기를 하는 곳. 예쁘지만 누군지 모르겠는 아이돌을 볼 때와 비슷한 기분이다. 가장 대중적인 것이 모여 있는 공간이기 때문이다. SNS는 시대의 트렌드를 가장 잘 반영한다. 그래서 우리는 자꾸 눈을 돌린다. 이것도 저것도 좋아 보이는 것 천지니까. 자꾸 남들이 하는 이야기를 나도 똑같이 하고, 남들이 파는 물건을 나도 똑같이 팔고, 남들이 가는 길을 헐레벌떡 좇아가기 바쁘다.

반대로 생각해 보면 그렇기 때문에 오히려 더더욱 나다운 것을 팔아야 하는 것 아닐까 싶다. 제품은 같을 수 있지만 나는 이 세상에 고유한 존재니까. 비슷한 것이 가득한 세상에서 오히려 눈에 띌 수 있는 방법은 나를 드러내는 것 아닐까? '콘텐츠는 나로부터 시작한다'는 말이 진리인 이유이다.

나는 목소리에 콤플렉스가 있다. 대학 때 전공과목 교수님이 "너는 목소리가 너무 프로페셔널하지 못해. 이런 목소리는 신뢰감을 주지 못해. 아기처럼 말하는 버릇을 고쳐 봐"라는 조언을 하셨다. 순간 얼굴이 시뻘게졌다. 목소리에 얽힌 에피소드로 말할 것 같으면 끝도 없는데, 그때마다 엄마는 "제발 아기 짓 좀 그만해"라고 했다. 나는 그다지 애교가 많은 편도 아니고, 어리광을 피우는 스타일도 아니다. 단지 목소리가, 내가 의도하지 않아도 얇고 높게 나온다. 그러잖아도 말수가 적은 나는 차라리 입을 다물어 버렸다.

그런데 참 희한하게도 이 목소리가 내 색깔을 만들어 가고 있다. 내 노래가 그리 특별하지 않아도 사람들은 내 목소리로 나를 기억한다. 어떤 사람은 딸 엄마라서 아직도 이렇게 목소리가 곱다고 이야기하기도 하고, 내가 살고 있는 숲, 조금 느린 삶에 대한 글과 연결하여 자연을 닮은 목소리 혹은 맑은 목소리라고 표현해 주기도 한다. 흘러가는 수많은 피드들 사이에서 조금 특이한 목소리를 가진 사람으로 나를 기억하는 이들이 늘어났다. 숨기기 급급했던 콤플렉스는 어느새 나만의 매력 포인트가 되었다.

'특이하다'라는 말은 개성이 뚜렷하다는 말이고, 동시에 기억하기 쉽다는 이야기이다. 하늘 아래 어떤 것도 새로운 것은 없다. 새로운 것을 찾기 위해 애를 쓰는 것보다 자기만의 특별한 것을 찾기 위해 노력하는 것이 빠르다는 반증이다. 잘나가는 누군가를 따라 하는 것보다 내가 가지고 있는 강점을 드러내는 것이 느리더라도 오래 지속할 수 있는 방법이다.

독특함을 발견했다고 그것이 끝이 아니다. 그 사람만의 분위기, 색깔은 하루아침에 뚝딱하고 생기지 않는다. 자기만의 특별한 색을 찾고 한 겹 한 겹 좀 더 선명해질 때까지 덧칠해 나가는 시간이 필요하다. 반짝 스타는 있어도 오랫동안 사랑받는 스타는 좀처럼 없는 이유가 여기에 있다.

타고난 재능과 감각으로 잠깐은 사람들의 이목을 받을 수 있다. 하지만 사람들의 관심은 오래가지 않는다. 결국 금방 사라져 버린다. 스쳐 지나가는 관심이 진짜가 되는 순간은 내가 상대에게 필요한 것을 주거나, 닮고 싶은 태도, 성장을 응원할 수 있는 서사를 가지고 있을 때다.

내가 좋아하는 누군가를 지금 한번 떠올려 보자. 내가 그 사람을 왜 좋아하지? 그 사람의 어떤 점을 좋아하지? 다른 사람보다 저렴한 가격으로 콘텐츠나 제품을 팔고 있어서? 남들도 다 하는 이 야기를 앵무새처럼 하고 있어서? 아닐 거다. 내가 응원하는 이유를 살펴보다 보면 내 색깔을 만들어 가는 것이 얼마나 중요한 일인지 알 수 있다.

가수 아이유를 좋아한다. 예쁜 소녀들이 그룹으로 나와 노래를 부르던 시절, 통통하고 귀여운 소녀 하나가 파워풀한 성량으로 노래를 하기에 눈길이 갔다. 어느덧 젖살도 쏙 빠지고, 삼단 고음을 지르며 "나는요 오빠가 좋은 걸" 하는 노래를 부를 때쯤 오빠도 아닌데 오빠가 된 것처럼 귀여워 어쩔 줄 몰랐다. 그때까지만 해도 반짝 스타인 줄 알았다.

아이유는 자신의 이야기를 노래하기 시작했다. 자신의 서사를 이야기하기 시작했다. 옛 노래에 자신의 감성을 덧입혀 다시 부르기 시작했고, 말 한 마디에도 상대에 대한 배려가 묻어나는 '아이유스러운' 태도를 보였다. 10년이 훌쩍 지난 지금, 말도 많고 탈도 많던 시기까지 전부 자신의 경험과 내공으로 차곡차곡 쌓은 아이유는 그만의 아우라를 가진 색깔 있는 뮤지션이 되었다.

재능과 태도 그리고 시간이 만들어 내는 이 오묘한 힘을 우리는 기억할 필요가 있다. 단순히 연예인의 이야기가 아니다. 내 삶을 가꾸어 나가는 것도 그렇다. 남 보기에 좋은 것 말고, 내가 잘하고 좋아하는 것을 세상이 원하는 방식으로 이렇게 저렇게 만들어 가면서 꾸준히 쌓아 갈 때 우리는 사라지지 않고 지금, 여기에 존재할 수 있다.

'SNS에 대한 책이 얼마나 많은데 너까지 거기에 보태려고 하느냐'는 질문을 스스로에게 계속 끊임없이 던졌다. '내가 온라인 활동으로 엄청난 수익을 얻고 있는 것도 아니고, 엄청난 수의 팔로워가 있는 것도 아닌데 굳이 왜 네가 이 책을 쓰는 거냐.' 번민이 많이 들었던 것도 사실이다. 그런데 나는 안다. 나의 SNS의 장점을. 내가 사람들에게 할 수 있는 이야기를. 엄마인 내 기록의 가치를.
돈도 없고 백도 없이 그저 나라는 사람 하나로 시작할 수 있는 SNS를 활용해서 글 쓰고 노래하는 사람이 된 나의 이야기. 거기에 담겨 있는 희망을 나는 알고 있다. 이 이야기가 건넬 또 다른 누구의 시작을 또한 나는 안다. 그게 바로 돈 빼면 할 수 없는 SNS 세상에서 나만 할 수 있는 이야기이다.

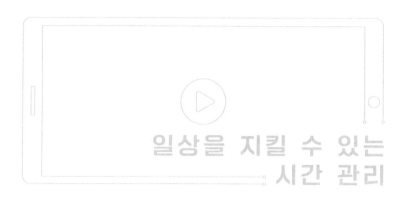

일상을 지킬 수 있는
시간 관리

　어린 세 아이의 엄마인 나는 오프라인에서의 역할이 만만치 않다. 산속에 살고 있어 아이들의 등·하교 픽업을 해야 하고, 때마다 넘쳐나는 집안일은 물론 작은 학교에 일손도 보태야 한다. 그럼에도 온라인에서 각종 글쓰기 모임을 한다. 필사, 블로그, 브런치, 책까지 글과 관련된 여러 가지 프로젝트를 진행하고 있다. 이런 모습을 바라보면서 의외로 사람들이 나에게 가장 궁금해 하는 것은 어떻게 시간 관리를 하느냐다.

　'집안일은 내팽개치고 스마트폰만 붙들고 있는 거 아니야?'

　이런 오해를 할 수도 있다. 그런데 내가 숲으로 온 이유도, 숲에서 아이를 키우는 이유도, 직장이 아닌 온라인을 택한 이유도 내 삶의 중심을 잡기 위해서이지, '디지털 노마드(Digital Nomad)'를 꿈꾸며 디지털의 노예가 되기를 바라서가 아니다.

일상을 지키면서 온라인에서 여러 가지 프로젝트를 할 수 있었던, 시간 관리에 대한 이야기를 써 보려고 한다. 물론 그리 특별하진 않다. 특별하지 않기에 누구나 할 수 있다.

가장 중요한 것은 자신에게 맞는 생산성 도구와 루틴을 만드는 일이다.

에버노트, 노션, 워크플로우 등 생산성 앱들이 많이 있다. 자신의 성향에 맞는 걸 찾는 것이 가장 중요하다. 가능하면 처음엔 이것저것 다 시도해 보기를 바란다. 나는 여전히 매우 아날로그인 사람이라 IT 서비스보다는 손으로 쓰는 다이어리가 좋다. 바인더가 관리하기가 가장 좋지만 부피가 커서 먼슬리 정도만 있는 작은 노트를 선호하는 편이다. 그때그때 생기는 일정은 먼슬리에 적어 놓는다. 그리고 일을 주 단위로 쪼갠다. 매일 잠깐의 짬을 내서 하는 프로젝트도 있지만 긴 시간 집중해야 하는 일들은 요일을 정해 놓고 주간 계획표에 체크를 해 둔다. 그리고 눈에 보이는 곳에 펼쳐 놓는다.

이렇게 월 단위, 주 단위로 일을 분배해 놓으면 내 삶이 꽤 단조롭다는 것을 시각적으로 알 수 있다. 옆집 엄마와 수다 떠는 시간, 넷플릭스에 하루 종일 빠져 있는 시간, 의미 없는 통화 시간 같은 것들은 계획에 없다. 그런 시간들이 마구잡이로 들어갔을 때 일상의 리듬이 깨진다.

'아, 이럴 때가 아닌데…. 내가 뭘 해야 하더라?'

해야 할 일은 미루고 계속 머릿속으로만 생각하면 불안감만 생긴다. 일정을 눈에 보이게 만들어 두면 그 사이사이 얼마든지 자기만의 여가 시간을 누릴 수 있다.

나도 처음부터 이런 식으로 일을 했던 것은 아니다. 오프라인과 온라인 활동이 뒤섞이면서 계속 마무리도 못하고 종종거리는 나를 발견했다.

'바빠. 피곤해. 시간이 없어.'

숲으로 오고 새로운 시작을 한 이후 내 인생에서 하지 않기로 했던 말을 다시 반복하고 있음을 깨달았다. 그래서 내 나름의 방법을 찾은 것이다.

계획을 세우고 나면 매일매일 할 일을 습관처럼 한다. 물론 넷플릭스나 소설에 빠져 아이들이 돌아오기 전까지 해야 할 일을 하지 못할 때도 있다. 그럼에도 해야 할 일 목록(TO DO LIST)이 있으면 자신이 원하는 시간에 일이 되도록 만들 수 있다. 포인트는 눈에 보이는 곳에 붙여 두는 것이다.

아무리 일상 속 시간 관리를 잘한다고 해도 온라인을 통해서 일을 하는 사람에게는 또 하나 빠져나오기 힘든 문제가 있다. SNS가 분명 돈도 없고 백도 없는 엄마들이 일을 할 수 있는 최적의 도구이긴 하나, 사실 가장 비싼 비용을 치를 수도 있는 위험한 도구이기도 하다. 단 몇 분이면 해결되는 '엄마의 기록'을 하려다가 몇 시간을 날려 버릴 수도 있다.

인스타그램은 얼마나 똑똑한지 지금 내가 사야 하는 물건들을 연달아 보여 주고, 유튜브의 알고리즘은 마치 내 무의식 속에 들어갔던 것처럼 궁금해 할 영상들을 연이어 띄워 준다. 일상의 한 귀퉁이를 기록하려고 접속했다가 일상을 모두 털린 경험, 나에게도 있다. 많다.

온라인 생활을 막 시작했을 때 남편과 아이들은 날선 눈빛을 보였다. 스마트폰 사용 시간이 급격히 늘어났기 때문이다. 아이들이 휴대폰을 소지하지 않는 건 물론이거니와 남편과 나도 가장 저렴한 보급형 폰을 써도 무방할 만큼 우리는 전화하는 용도 이외엔 휴대폰을 잘 사용하지 않았다.

그런데 말을 걸어도 모르고, 알람 소리 하나에도 전화를 붙들고 있으니 따가운 눈총을 받을 수밖에. 그러면서도 늘 변명을 했다. 나는 지금 노는 게 아니라 자기 계발을 하고 있다고. 하도 잔소리를 하니 나중엔 괜히 버럭 하기도 했다. 반성한다.

일주일에 하루 디지털 디톡스(Digital Detox)를 하겠다고 토요일 밤 자기 전에 휴대폰을 끄고 월요일 아침에 켜기도 했다. 물론 조바심에 어쩔 줄 몰랐다. 극단적으로 전원을 꺼 버리고 왜 통화가 안 되냐는 주위 사람들의 핀잔만 잔뜩 들었다. 이것도 아닌가 보다.

SNS 사용 시간을 조절해야 했다. SNS에 콘텐츠를 발행하는 시간을 규칙적으로 정해 놓고 그 앞뒤로 30분 정도는 SNS에 시간을 쏟는 것이 좋다. 내 콘텐츠에 반응한 사람들과 소통을 한다거나 이웃에 방문해서 관심을 표한다. 업무처럼 하루 중 시간을 스스로 정해 놓고 나면 SNS에 끌려 다닐 일은 줄어든다.

업무 시간이 종료되면 가차 없이 소통을 중지한다. 내 것만 집중해도 안 되고, 남의 것만 하염없이 바라봐도 안 된다. 무엇보다 시간제한 없이 계속 상주하는 것은 더더욱 안 된다. 나의 경우는 아침, 점심, 저녁 세 번의 시간을 이렇게 사용한다. 바쁠 때는 소통을 포기할 때도 있다. 하지만 기본적으로 내가 하는 일은 모두 SNS 안의 사람들 사이에서 일어나는 일이 대부분이라 소통에도 시간을 들이는 편이다.

  SNS 사용 시간을 조절하는 데 가장 편리한 도구는 구글 시계다. 시각적으로 시간의 줄어듦을 눈으로 확인할 수 있어서 좋기도 하지만, 시간 확인을 위해 스마트폰을 들여다보는 것에서 벗어날 수 있어서 좋기도 하다. 나는 구글 시계를 종종 이용하는데 아무리 지루한 일도 게임처럼 해낼 수 있다.

  블로그 포스팅 한 시간, 인스타그램 10분, 소통하는 시간 30분, 이런 식으로 뭔가를 시작할 때 시계를 돌려 놓고 시작한다. '삐리리' 알람이 울리면 글쓰기의 경우에는 서둘러 마무리하려고 하고, SNS 소통의 경우 그대로 전원을 꺼 버린다.

  SNS를 잘 활용하는 사람들도 가끔 댓글 소통을 하는 데 시간이 너무 걸린다는 푸념을 할 때가 있다. 왜 아니겠나. 나도 그렇다. 그럼에도 댓글 소통을 안 할 수는 없다. SNS를 처음 시작하는 사람이라면 이것이 전부라고 할 만큼 중요하다. 소통을 핑계로 핸드폰을 주야장천 붙들고 있는 것만이 답은 아니니, 앞서 말한 것처럼 시간을 정해 놓고 할 수 있는 만큼만, 하나를 달더라도 제대로 소통을 해 보자.

주부의 가장 큰 무기는 시간이고, 성장의 발목을 잡는 가장 큰 걸림돌도 시간이다. 자신에게 주어진 시간, 예를 들면 아이들이 깨기 전 새벽, 아이들이 어린이집이나 학교에 간 오전, 아이들이 잠이 든 심야 등 홀로 작업할 수 있는 시간을 최대한 효율적으로 사용하는 방법을 찾아야 한다. 다른 사람에게 좋았던 방법이라고 해서 나에게도 좋은 것은 아니다. 이런저런 방법을 적용해 보면서 스스로 자신만의 시스템을 만들어 가면 된다.

꿈을 현실화할 수 있는
가장 빠른 방법

온라인 세상에 발을 들이고 이런저런 실패와 성공을 반복하면서 내가 가장 바뀐 건 더 이상 꿈을 꿈으로 남겨 놓지 않는 거였다. 머릿속에 떠도는 수많은 생각들을 방치하지 않고 그중에 지금 할 수 있는 일들을 하나씩 끄집어다가 실행하는 것. 더 이상 말뿐인 사람으로 남지 않는 것. 아니 말조차 하기 부끄러워서 머릿속에다가만 잔뜩 그려 놓았다가 털어 버리는 일을 하지 않는 것이었다.

머릿속으로만 생각했을 땐 복잡하고 불가능할 것 같은 일들이 있다. 여러 차례 시행착오를 반복하면서 내가 알게 된 것은 머릿속 생각들을 밖으로 꺼내 놨을 때 별것 아닌 경우가 훨씬 많다는 거였다.

아주 간단한 예로 코로나19로 오프라인 모임이 중단되고 온라인 모임으로 전환할 때 줌(ZOOM)이라는 툴을 사용하는 것 자체에 커다란 두려움을 갖고 있던 나는 그 당시 준비하고 있던 독서 모임을 포기했다. 그런 건 이용해 본 적도 없고 화면 속에 있는 누군가와 자연스럽게 대화를 나눌 자신이 없다는 이유였다.

지금은 너무 익숙하게 사용하고 있지만 처음엔 분명 그랬다. 처음 가 보는 길이 괜스레 멀게 느껴지는 것처럼, 시도해 보지 않았기 때문에 어렵게 느껴지는 것들이 있다. 사실은 별거 아니었음을 나는 몇 번의 경험을 통해 알게 되었다.

오랫동안 마음속에 품고 있는 꿈이 있었다. 언젠가 시골 마을에서 개인 도서관을 열고 싶다는 꿈이었다. 마을의 사랑방처럼 누구나 와서 함께 책을 읽고, 의미 있는 대화를 나누고, 함께 연주도 하며 조화로운 공동체를 이루면서 사는 꿈이 있다. 실현 가능성을 따지자면, 죽기 전에 이룰까 싶은 허황한 꿈일지도 모른다.

하지만 우리 부부에게 영향을 준 『월든』의 소로우나 『조화로운 삶』의 스콧 니어링 부부처럼 우리도 어떤 이상향을 가지고 있었다. 아이들을 재워 놓고 식탁에만 앉으면 우리는 맥주 한 잔을 앞에 두고 끝없이 상상의 나래를 펼쳤다.

'그토록 바란다고 했는데 지금은 할 수 없을까?'

'어느 천 년에 땅 사고 집 지어서 그렇게 살지? 60대 호호 할머니 돼서나 가능할까?'

그래서 시도해 본 것이 '나뭇잎 살롱'이었다. 나는 우리 집을 오픈하기로 했다. 숲속에 있는 집에 작가를 초청하고, 내가 기타를 치고 같이 노래를 부르고, 책에 대한 이야기를 나누는 자리였다. 단순히 독서 모임이나 북 토크가 아닌 음악과 책과 사람이 함께하는 모임이었다.

'이걸 할 수 있을까? 과연 사람들이 올까?' 싶었지만 코로나19 시기임에도 숲속 작은 모임을 할 수 있었다. 이후에 코로나19가 4단계까지 올라가면서 열지 못했지만 한 번의 시도로 가능성을 엿보았다.

적절한 때에 적절한 환경이 갖춰졌을 때 우리는 뭔가를 할 수 있다고 생각하지만 그렇지 않다. '적절한'이라는 말 자체가 이미 틀렸다. 인생에 '적절한' 시기라는 것은 없더라. 적절한 시기는 내가 만들기 나름이었다. 지나고 보니 내 마음이 동해서 끌리는 대로 움직인 때가 가장 적절한 시기였다.

세계적인 투자자 워런 버핏이 말한 '스노우볼 효과(snowball effect)'
라는 것이 있다. 『존 리의 부자되기 습관』에 보면 스노우볼 효과란
눈사람을 만들 때처럼 주먹만 한 눈덩이를 계속해서 굴리고 뭉치
다 보면 어느새 산더미처럼 커지는 현상을 빗댄 것이다. 초기에는
적은 원금일지라도 이자에 이자가 붙어서 나중에는 큰 자산이 되
는 현상을 눈덩이를 굴리는 것에 비유한 것인데, 꿈을 이루는 과정
도 이와 다르지 않다.

로또처럼 한 방에 꿈이 이루어질 거란 기대를 하거나 시간이 알
아서 꿈이 있는 곳에 데려다 줄 거란 막연한 생각은 하지 않는다.
지금 이 자리에서 시도해 볼 수 있는 것들을 차곡차곡 실행하다 보
면 내가 꿈꾸던 그곳에 가 있을 거란 믿음이 있다.

나뭇잎 살롱의 경험으로 이번엔 책방 사업자를 준비하고 있다.
이 또한 마찬가지로 사업자 등록이며 각종 세금 같은 게 두려워 항
상 생각만 하고 있었는데, 담당 부처에 한 곳 한 곳 전화를 하면서
알아보니 겁먹을 정도의 일이 아니었다. 또 온라인을 통해서 연결
된 여러 책방 대표님들과 1인 기업 선배님들은 나의 이런 도전에 여
러 가지 조언을 해 준다. 그러면서 또 배운다. 막상 직접 부딪쳐 보
면 그리 큰일이 아니라는 것 말이다. 차근차근 하나씩 시도하는 경

험이 그다음 단계를 시도할 자신감을 만들어 준다.

이 모든 것을 가능하게 하는 것은 SNS다. 돌봐야 하는 아이들 때문에 발이 묶여 있어도, 투자금이 없어서 당장 오프라인 영업장을 얻지 못해도, 시간적·물리적 제약이 있다고 하더라도 온라인은 이 모든 한계를 극복하게 한다. 그러니 이 작은 기계 속 세상에서 최대한 많이 실행해 보기를 바란다. 머릿속 한 자리를 차지하고 떠나지 않는 당신의 꿈 한 자락을 꺼내 놓길 바란다. 할 수 없는 수많은 이유를 뒤로하고, 해야 하는 딱 하나의 이유를 찾아 시도해 보기를 바란다.

나는 내가 무엇을 꿈꾸든 이룰 수 있다는 자신이 있다. 그 꿈을 향해 한 발 한 발 걷기만 하면 언제가 됐든 결국 그곳에 이를 수 있을 거라는 믿음이 있다. 숱하게 실행하고 넘어지고 이뤄 본 경험이 그 증거이다.

이 글을 쓰는 것도 나에겐 새로운 도전이다. 이 책을 읽고 나처럼 평범한 엄마가 가슴속에 품고 있던 뭔가를 하나 실행했다면, 그런 엄마들이 하나둘 늘어나 서로에게 꿈의 증거가 된다면 그것만으로 내가 이 책을 쓴 이유는 충분하다.

돈은 때가 되면
따라오는 것

수능이 끝나고 합격자 발표를 기다리며 방구석에서 열심히 카트라이더 게임을 하고 있던 어느 날, "뭐 하고 있노!" 경상도 사투리를 진하게 쓰시는 담임선생님께 전화가 왔다. 마치 내가 너의 폐인 생활을 다 알고 있다는 듯 잔뜩 웃음을 머금은 것 같은 목소리의 선생님은 "내일부터 우리 집 애들이나 가르쳐라!" 하고 전화를 뚝 끊으셨다.

졸지에 백수에서 시간당 1만 5,000원의 근로자가 될 기회였으니 이게 웬 떡이냐 싶었다. 선생님의 아이들은 예의도 바르고, 공부도 열심이었다. 친구처럼, 때론 언니처럼 그 아이들을 만났다. 집에서 꽤 먼 거리였지만 오고 가는 길이 그리 힘들지 않았다. 처음으로 열심히 공부하길 잘했다는 생각이 들었다.

대학 입학 후엔 몸값이 훌쩍 뛰었고 꽤 많은 수업을 하게 되었으나 수업이 늘어날수록 가르치는 기쁨보다는 또래에 비해 꽤 많은 돈을 벌고 있다는 사부심만 남았다. 어느 순간 아이들의 머릿수가 돈으로 환산되었다. 보람이나 성취는 예전에 사라졌다. 수많은 아이들의 시험 준비를 하느라 내 시험은 망쳤고, 능력 있는 선생님이 됨과 동시에 학교에서는 문제 학생이 되었다.

'맹목적으로 돈만 좇으면 인생이 이렇게 꼬이는구나. 자잘한 돈에 취해서 인생에서 중요한 시기를 잃어버렸구나.'

10년 동안 집에서 아이만 키우던 엄마는 어쩌다 보니 N잡러가 되었다. 육아와 엄마의 성장에 관한 책을 썼고, 독서와 글쓰기 모임을 진행하며, 엄마들의 SNS 활용법을 알려 준다. 모두 의도하고 시작한 일은 아니었다. 집에서 아이를 키우며 할 수 있는 일이 별로 없던 엄마가 하나씩 하나씩 할 수 있는 것, 좋아하는 것을 찾아서 하다 보니 이렇게 일이 늘어났다.

나는 아직 사업가도, 강사도 아니다. 그렇다고 작가라고 말하기에도 부족하다. 단지 좋아하는 글을 쓰고, 나와 비슷한 엄마들에게 "이거 해 보니 너무 좋아. 같이 해!"라고 말하는 정도의, 딱 그 정도의 '넛지(nudge)'를 하는 사람일 뿐이다.

누구는 물 들어올 때 노 저어야 한다고 나를 재촉하지만 그럼에도 내가 당장의 수익화에 목적을 두거나 많은 사람을 모객하려고 하지 않는 이유는 어렸을 적의 실수를 반복하고 싶지 않아서다. 지금은 돈을 벌려고 애쓰는 시간이 아니라 나의 실력을 쌓아야 하는 시간임을 알기 때문이다. 내가 하는 모든 일이 그저 조금 일찍 시작한 사람이기에 할 수 있는 일임을 안다. 20대의 나는 작은 것에 눈이 멀어 큰 것을 놓쳤지만 마흔을 앞둔 나는 좀 더 현명하게 이 시간의 의미를 찾아간다.

흔히 '인플루언서'라고 불리는 이들이 버는 돈에는 '마음'이 담겨 있다. 무슨 이야기냐 하면, 사람들은 간편 결제 서비스 시대에 계좌 이체라는 수고를 보태면서까지 그들에게 물건이든 지식이든 뭔가를 산다. 그를 응원하는 마음, 그와 가까워지고 싶은 마음, 그를 궁금해 하는 마음 같은 것을 담아서 말이다. 그 돈이 꼭 그들의 실력과 비례하는 건 아니다. 물론 매력과는 동일시될 수 있을 것이다.

그렇다면 매력의 힘은 어디까지일까? 매력의 유효 기간은 언제까지일까? 돈이 영원히 나를 따르리라는 것은 오만이고 착각이다.

결국 해야 하는 건 무얼까? 나를 아껴 주는 그 마음들에 상응하는 실력을 키우는 일이다. 아울러 여전히 응원해 주고 싶은 사람이 되는 일 아닐까.

나도 물론 돈 많이 벌고 싶고, 돈 좋아한다. 가끔 로또도 사고 일확천금을 꿈꾸기도 한다. 그러나 그렇게 돈을 사랑하는 마음과 별개로 지금 내가 버는 돈은 일종의 마음이 담긴 돈임을 알기에 맹목적으로 달려들지 않는다. 그저 평범한 엄마인 나에게 흐르는 돈은 호감이 가득한, 나를 지지하는 돈이다. 그것은 '그저 평범한'에서 만족한 채 머무르지 말고 나 같은 엄마들을 도울 힘을 어서 기르라는 독려이다.

내가 이 일을 지속하는 힘이면서 이 책을 쓰는 이유이기도 하다. 세상이 말하는 쉽게 돈 버는 법에 현혹되지 말고 꾸준하게 나의 콘텐츠를 만들고 쌓아 가는 시간을 함께 만들자고. 그런 마음으로 했던 일이 어느새 천만 원가량의 수익을 만들어 냈다. 그리고 난 내가 해 온 이 방법에 대한 엄청난 확신을 갖게 되었다.

이 책은 놀라울 만큼 빠른 성장, 엄청난 수익을 위한 것은 아니다. 그러나 내가 중요하게 생각하는 것들을 놓치지 않고 내 삶을 꾸려 가면서 만들어 낸 결실이라서 더 의미 있다고 이야기하고 싶다. 한 사람 한 사람의 이야기에 귀 기울여 가며 내가 좋아하는 것들을 하나씩 하나씩 해 나가다 보면 어느새 돈은 나를 따라온다.

   당장은 내가 좀 어떻게 하면 돈을 쓸어 담을 수 있을 것 같지만 실상은 그렇지 않다. 마음을 품은 돈은 내 마음도 알아본다. 자기가 있어도 되는 곳인지, 아니면 엮이기 전에 빨리 도망쳐야 할 곳인지 스스로 판단할 힘을 가지고 있다. 그 돈의 진짜 의미를 아는 사람만이, 그리고 자신의 실력에 비례하는 돈을 벌 때까지 꾸준히 버티고 쌓아 가는 시간을 보내는 사람만이 결국 큰 이익을 얻게 되리라고 나는 믿는다.

   '아, 여기는 있어도 좋은 곳, 나를 귀하게 여기는 곳'이라고 돈이 나를 졸졸 쫓아다닐 때까지 그렇게 내게 힘이 될 그 시간을 견뎌내는 과정 또한 나의 콘텐츠가 될 테니까.

SNS가 또 다른
가면이 되지 않도록

튀기보다는 묻혀 있는 것을 선호하고, 많은 말을 하기보다 듣는 편이 훨씬 편한 사람. 대부분의 경우 말없이 웃고 있으며, 있는 듯 없는 듯 자세히 살펴봐야 존재를 알아차리는 사람. 그런 음지의 사람이 스스로 꿈틀거리기 시작했다. 비 오고 난 뒤 슬금슬금 기어 나오는 지렁이처럼.

아, 스스로에게 지렁이는 심한가. 어쨌든 밟히지도 않았는데 꿈틀거린 건 SNS 때문이었다. 누군가 나를 알아봐 줬으면 하는 마음과 '아니야. 내가 그런 생각을 가졌을 리 없어'라는 부정 사이에서 SNS 세상에 들어왔다. 무색무취의 사람이 되고 싶지 않으면서도 아무도 나를 몰랐으면 좋겠다는 이중적인 마음. 그 마음으로 시작한 SNS는 처음부터 난관에 봉착했다.

시작한 지 얼마 되지도 않아 비공개 글이 늘어나기 시작했다. 공개적으로 쓰는 것은 객관적인 정보만 있거나 누구에게나 공감받을 법한 '착한' 글만 써졌다. 책을 읽든 음식점을 방문하든 글을 쓰기 전에 다른 사람들이 쓴 글을 훑어보게 되었다. 혹시나 나 혼자 방향이 다른 글을 쓰게 될까 봐 공격당할 만한 의견은 내 안에 넣어두고 적당하게 그들과 비슷한 의견을 적어 넣었다. 온라인 속의 나는 현실의 나와 별다를 바 없이 여전히 무색무취의 이도 저도 아닌 사람이었다.

그날도 아주 착한 글을 썼던 참이었다. 부부 관계가 좋아지고 셋째가 찾아왔다는 내용의 글이었다. 글을 올리고 몇 분도 채 되지 않아 댓글 하나가 달렸다.

"오빠나 남동생이 일도 안 하고 애 줄줄이 낳고 혼자 즐거워하는 여자랑 산다면 걱정될 거 같아요."

일하지 않고 집에서 애나 보면서 셋째가 생겼다고 좋아하는 내가 참 한심하다는 뉘앙스의 글을 본 순간, 온 힘을 다해 주먹을 쥔 상태로 가만히 모니터를 쳐다보았다. 화가 나서가 아니라 덜덜 떨리는 손을 멈출 방법을 알지 못해서였다.

'내가 아무리 애를 써도, 한참을 돌려 누구에게나 공감받을 이야기만 한다고 해도 누구에게는 아니꼬운 베짱이 같은 여자의 삶일 뿐이구나.'

난생처음 받아 본 '악플'에 나는 잠시 휘청거렸다. 작정하고 아니꼽게 볼 사람들은 내가 뭘 해도 그렇게 반응할 거라는 걸 그제야 알게 되었다.

나라는 사람은 누구에게 동의를 구하기 위해서 착한 척을 하는 것이 아니라 누구와 논쟁하지 않기 위해서 굳이 말하지 않는 편을 택했을 뿐인데, 갑자기 날아온 작은 돌멩이가 세상과 맞닿아 있는 내 안의 벽 하나를 깨뜨렸다. 더는 비공개 글을 쓰고 싶지 않았다. 다른 사람의 글을 참고하고 싶지도 않았다. 사람들 사이의 시달림이 싫어서 조용히 입 다물고 있던 내가 이곳에서만큼은 그동안 참아 왔던 말을 가감 없이 뱉어 내 보기로 했다. '악플러' 한 사람을 만난 건 오히려 내게는 행운이었다.

여자는 엄마도 되었다가 딸도 되었다가 며느리도 되었다가 학부모도 되고 회사원도 된다. 그 모든 것이 나라고 생각한다. 그런데 실상을 보면 그렇지 않다. 우리는 다양한 사회적 가면을 쓴 채 인생을 살아갈 뿐이다.

내가 현실에서도 SNS에서도 그렇게 다른 사람의 의견을 신경 쓰고, 눈치를 보고, 내 주장을 하지 못했던 것은 모두 사회적 역할에 따라 무엇 무엇이라 규정되어 있는 나라는 사람의 이미지를 무너뜨리고 싶지 않았기 때문이다. '평범'이라는 말 안에 숨어 있기를 바라는 나의 사회적 가면 때문이었다.

『지적 대화를 위한 넓고 얕은 지식 2』에 보면 다음과 같은 말이 나온다.

"나에게 뒤집어 씌워진 본질을 하나씩 벗어 내고 어떠한 규정과 억압으로부터 자유로워지면, 나에게는 단지 세 가지만이 남게 된다. 그것은 '내가', '지금', '여기' 있다는 사실이다. 인간은 규정되지 않고 절대적으로 자유로우며, 실존하는 존재다."

조금씩 균열이 생긴 수줍은 가면은 '나는 지금, 여기에 존재한다'는 명제 앞에서 완전히 깨졌다. 그동안 느껴 보지 못했던 자유로움을 누리고 싶어졌다. 마치 여행자의 모습으로 나를 전혀 모르는 사람들이 사는 세계에 발을 들여놓은 것처럼.

나를 잘 모르는 사람들 앞에서조차 웅크릴 이유가 뭐란 말이야!

내가 하고자 하는 것들을 거침없이 할 수 있는 공간인 SNS에 내 욕망을 그대로 풀어 보자.

- 또렷하게 자신의 가치관을 드러내는 사람
- 다른 사람의 눈치 따위 보지 않고 하고 싶은 것을 마음껏 하는 사람
- 무엇이든 겁내지 않고 YES를 외치는 사람

이렇게 '거침없는 내향인'의 모습으로 나를 재정의하고 나니 이곳은 새로운 무대가 되었다. 40년 가까이 억눌려 있던 온갖 것들을 꺼내 보는 도전의 세계가 되었다. 내가 지향하는 삶과 교육에 대해 목소리를 내기 시작했고, 사람들 앞에서 강연을 하기도 했다. 혼자 속으로 읊조리던 노래를 사람들 앞에서 뻔뻔하게 부르기 시작했다. 심지어 그런 영상을 여기저기 SNS에 올리기 시작했다.

두렵지 않았던 건 아니다. 얼굴이 시뻘게질 만큼 부끄럽기도 했다. 그런데 스스로도 고개를 저을 만한 행동을 할 수 있었던 건 현실의 나와 온라인의 나를 분리했기 때문이다. 비록 현실의 곽진영은 할 수 없는 일이지만 '나날'은 할 수 있다고 주문을 걸었다. 정말 지금 이 순간만 사는 사람처럼 끊임없이 나를 두려움 앞에 세웠다.

그렇게 3년 정도의 시간이 흘렀다. 곽진영으로 살아온 시간보다

나날로 살아온 시간이 더 많았던 그 3년이 지나고 한 가지를 깨달았다. 온라인에서 새롭게 설정한 내가 현실을 살고 있는 나를 변화시켰다는 사실이다. 아니다. 그저 온라인 세상 속 캐릭터처럼, 낯선 세상의 여행자처럼 자유롭게 본성대로 움직이게 내버려 둔 가상의 내가 사실은 진짜 나였다는 것을 알게 되었다. 그것은 오랫동안 사회적 가면 안에 짓눌려 있던 '본캐'의 부활이었다.

내가 계속 SNS를 하라고 말하는 이유는 이것이 전부다. SNS를 똑똑하게 사용하기만 한다면 당신은 '지금, 여기에 존재하는 자신'이 될 수 있다. 짓눌려 있던 욕망의 실체를 확인할 수 있다. 비로소 온 가면을 벗어 버린 민낯의 나를 만날 수 있다.

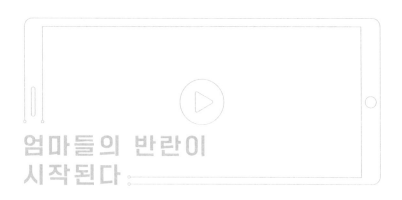

엄마들의 반란이
시작된다

온라인 세상에 발을 들이민 지 딱 1년 반 만에 첫 수입이 생겼다. 다름 아닌 첫 책의 계약금이었다. SNS를 하면서 돈을 벌 수 있다는 것도, 내 이야기가 책이 될 수 있다는 것도 몰랐다. 오프라인 세상이 전부인 줄 알았던 순진한 엄마는 단 한 번도 온라인으로 돈을 벌 수 있을 거란 생각을 하지 않았었다. 그저 앞서 말했듯이 '우리 이야기가 좀 유명해지면 〈인간극장〉 같은 데 한 번쯤 나오지 않겠어?'라는 재밌는 상상을 했을 뿐이다.

통장에 계약금 내역이 찍힌 순간 눈물이 울컥 쏟아졌다. 아주 작은 돈이었지만 세 아이 엄마로서 최선을 다한 나에게 애썼다고 주는 선물 같았다. 아이를 키우며 느낀 고단함, 끊임없이 작아지고 움츠러들었던 마음, 그럼에도 당당하려고 애쓴 그 노력, 그 모든 시간을 '기록'한 나를 칭찬해 주고 싶었다.

엄마로 고군분투한 그 시간이 누군가를 위로할 수 있고 도움이 될 수 있다는 것. 그 기록이 책이 될 수 있다는 것. 그 과정을 온몸으로 겪은 나는 주위 엄마들에게 말하지 않을 수 없었다. "블로그 같이하자"고, "인스타그램 함께해 보자"고, "기록하는 습관을 가져 보자"고.

내가 특별한 재능이 있는 사람이라거나 남다른 육아 비법을 가진 고수였다면 나는 내 잘난 맛에 취해 굳이 주위 엄마들을 독려하지 않았을 것이다. 그렇지만 아무것도 없는 그저 경력 단절 전업주부였던 내가 단 하나, 'SNS를 하고 있다'는 것만으로 이런 일들이 일어났기 때문에 나는 SNS 전도사가 될 수밖에 없었다. "어서 지금하고 있는 것들을 기록하라"고, "인형 눈이나 붙이자는 농담 하지 말고 깨알 같은 삶의 순간들을 적어 내자"고.

첫 책을 내고 나의 다음 행보가 SNS에 대한 글쓰기였던 건 어쩌면 당연했다. 나 혼자만 간직하고 있기엔 너무 쉽고 대단한 비밀이었기 때문이다.

나는 여전히 세 아이를 보육해야 하는 엄마이고, 내가 선택한 삶을 충실히 꾸리며 사는 것에 큰 가치를 두고 있는 사람이다. 가족들의 희생을 요구하는 일이나 외부에 나가서 하는 일은 가급적 하지 않고 집 안에서, 나에게 허용된 시간 내에서 내가 할 수 있는 것들을 차근차근 해 오고 있다. 새벽이나 밤 10시 이후에 엄마들이 아이들로부터 자유로운 시간에 함께 읽고 쓰는 모임, 지속적으로 SNS를 하도록 독려하는 모임 등을 열고 있다.

그 수입이 많은 것은 아니지만 그렇게 얻은 수입은 단 한 푼도 따로 쓰지 않고 자유 적금 통장에 꼬박꼬박 입금했다. 그렇게 1년 만기 된 돈이 천만 원이 조금 넘었다. 누구는 한 달에 천만 원을 번다고 하는데 1년 동안 고작 천만 원을 벌고 돈 좀 벌었다고 이야기하는 거냐고 물으면 할 말이 없지만, 나는 오롯이 엄마로서의 삶을 살면서 내가 좋아하는 일로 새로운 업을 시작하고 그걸로 돈을 벌고 있다는 것에 굉장히 만족한다. 분명 이것이 내 '엄마 커리어'의 시작일 테니까 말이다.

'어릴 때 뭘 하고 싶었어? 왜 그게 하고 싶었어?'
'여전히 그걸 하고 싶어? 가슴이 떨리는 거야?'
'지금은 못 하는 이유가 뭐야?'

'우리 지금 할 수 있는 것부터 한번 해 볼까?'

나는 그렇게 시작했다. 한 번도 스스로 선택해 보지 못했던 인생을 처음 내 손으로 선택한 이야기를 썼다. 어린 시절의 결핍을 답습하지 않으려고 공부했던 육아에 대해 썼다. 부끄러움 많았지만 노래 부르고 싶었던 욕구를 꺼내 놓았고, 나 자신 그리고 누군가를 위로하는 글을 쓰고 싶은 마음을 펼쳐 냈다. 그것들을 그저 기록했다.

세 아이를 데리고 할 수 있는 게 그것밖에 없어서 꿈꾸던 일을 그저 끼적대는 것으로 내가 이 세상에 존재한다는 걸 알리고 싶고 느끼고 싶어서 썼다. 그런 내 기록이 나에게 날개를 달아 주었다.

내 주위엔 나 같은 엄마들이 많다. 평범하게 대학 다니고 좋아하지도 않는 일을 하며 살다가 불현듯 잊고 있던 꿈에 대해 마음이 덜걱거리는 엄마들. '그땐 그랬지' 하고 넘겼을 꿈의 꼬리를 놓치지 않고 붙잡은 엄마들 말이다.

독서 모임을 열고 줄곧 꿈에 대한 책을 읽으며 이야기를 나누고 있는데, 한 엄마가 매번 씁쓸한 얼굴로 "사실 저는 그림이 그리고 싶었거든요"라는 말을 했다. 원형 탈모를 겪을 정도로 요즘 스트레스를 받고 있다고 호소하던 그녀. 지금 하고 있는 일을 정리하고 꼭 그림을 그릴 거라고, 어떤 날은 기분 좋게, 어떤 날은 머리를 쥐어뜯으며 말하던 그녀. 그녀는 지금 크몽에서 그림 그리는 일로 돈을 벌고 있다. 심지어 그림으로 공모전에서 상도 받았다.

책을 내고 북 토크 자리에서 만났던, 앞서 말했던 한 엄마는 대학때 우연히 방송 출연을 했다가 사람들로부터 곤혹스러운 일을 호되게 겪고 온전히 자신을 감추며 살아왔다. 외향적인 성격에 늘씬한 그녀는 나이 마흔이 되어서야 숨겨 놨던 본능을 쏟아 내기 시작했다. 모델 대회 본선까지 진출한 그녀. 그녀는 대체 그동안 그 끼를 어떻게 숨기고 살아왔던 걸까.

리치 칼가아드는 『레이트 블루머』에서 "스스로를 꽃피우는 일에는 기한이 없다"고 말한다. 또 "우리의 미래 이야기는 돌에 새겨지는 게 아니라 연필로 쓰이는 것이다. 따라서 고칠 수 있다"고 했다. 늦었다고 주저할 것 없다. 실패할까 봐 머뭇거릴 필요도 없다.
세상이 정해 놓은 잣대와 굴레, 엄마는 이래야 한다는 편견, 스스로 갇혀 있는 한계. 이런 것들로부터 벗어나 조금씩 자기만의 날갯짓을 시도하는 엄마들. 그리고 그것을 가능하게 하는 온라인 세상. 돈도 들지 않고, 장소에 구애도 없는, 무엇이든 될 수 있고 무엇이든 할 수 있는 이 공간에서 반란을 일으키는 엄마들은 계속 나타날 것이다.

이미 평범한 내가 두 권의 책의 저자가 되었다는 것만 봐도 이런 흐름은 앞으로 더욱 거세질 것이다. 그런데도 SNS는 시간 낭비라고, 관종들만 하는 거라고 터부시할 건가.

차근차근 기본적인 방법을 익혀서 온라인에 나만의 기록을 남겨보자. 다음 반란의 주인공은 당신이 될 테니.

할 수 있는 만큼 즐겁게

한 달 동안 매일 30분씩 요가를 했다. 마흔이 되었고, 건강을 챙겨야겠다는 생각이 들었으니까. 비싼 필라테스 수업은 엄두가 안 나니 집에서 가볍게 유튜브로 따라 할 수 있는 요가를 시작했다. 매일 아침 6시 실시간 스트리밍으로 진행되는 요가 수업 중 대부분의 날을 실시간으로 참여했다. 그리고 매일 아침 그 기록을 타임스탬프로 찍어서 인스타그램에 올렸다. 주변에 나를 아는 지인들은 그야말로 고개를 저었다. '나날이? 그렇게 운동 싫어하는 나날이 왜 저러는 걸까?' 나도 몰랐다. 내가 왜 그토록 열심히 하고 있는지 알 수 없었다. 30일 챌린지가 끝나고 나서야 알았다. 꾸준함의 동력을. 그것은 요가를 하는 내내 들었던 "괜찮아요", "애쓰지 마세요", "몸의 소리를 들으세요", "무리하지 마세요" 그런 말들 때문이었다는 것을.

'시작했으면 무라도 썰어야지! 아니 이것도 못 해? 변명하는 거야? 더 해, 더 달려. 지금은 그럴 때라고.' 이런 세상의 재촉으로부터 벗어나, 할 수 있는 만큼만, 더 하지 말고 딱 그만큼만 하라는 말이 오히려 나를 지속하게 하는 힘이 되었다. 지독히도 움직이는 걸 싫어하는 나를 움직이게 한 것은 채찍질이 아닌 따스한 토닥임이었다.

이 책을 쓰면서 계속 마음이 어려웠던 것은 '자기계발서'라는 카테고리 때문이었다. '너는 무엇을 해야 한다' 혹은 '너는 무엇이 되어야 한다'를 내가 쓸 수 있을까? 내가 그렇지 않은 사람인데 그런 걸 쓰면 거짓말쟁이가 되는 것 아닌가, 라는 생각 때문이었다. 그 부대낌을 내려놓고 있는 그대로의 나를 쓰자고 마음먹었다. 출판사에서 '이런 걸로는 안 되겠다'라고 말하면 그때 다시 생각해 보기로 하고 편집자님과의 소통 없이 내리 써 내려갔다. 그렇게 초고를 보내 놓고도 한참을 노심초사하며 기다렸다. 다시 쓰라는 말이 언제 들려올까 마음을 졸였다. 그런데 다행히 편집자님은 충분하다는 피드백을 주셨다. 그제야 안도의 한숨이 나왔다.

내 모토는 '언제나 내가 할 수 있는 만큼, 즐거움을 찾을 수 있는 만큼'이다. 내가 무리를 하면 삶의 균형이 깨진다. 세 아이의 엄마를 비롯한 내가 가진 사회적 역할과 온라인에서의 나 사이의 균형을 이루며 살 수 있는 이유는, 내가 무리하지 않기 때문이라는 것을 안다. 누군가는 그리 말한다. '열심히 달려야 할 때'라고, '느리게 가는 것에 대한 변명'이라고. 그럼에도 나는 내가 할 수 있는 선에서, 내가 납득이 가는 만큼 최선을 다하며 살아가고 있다.

30일 동안 꾸준히 요가를 하고 따스한 멈춤을 경험하면서 나는 내가 가진 메시지에 대한 확신을 갖게 되었다. 나는 지금 즐거운 성장의 여정을 하고 있다고, 비록 엄청난 수익이나 아웃풋을 내지는 않지만 꾸준하고 성실하게 나의 기록을 쌓아 가는 이 발걸음이 결국 나라는 사람의 색깔이 될 것이라고 말이다. 이것은 게으른 자의 변명이 아니라 성실한 자의 믿음이다.

매일 아침 이를 닦고, 차를 끓이고, 요가로 간단하게 몸을 이완시키고, 책을 읽고, 필사를 하고, 글을 쓰는 나의 이런 루틴이 결국 나라는 사람의 아웃풋이다. 엄청난 무언가가 아니라 엄마의 시간을 찾기 위해 애쓰고, 그 시간을 유지하기 위해 노력하고, 그 시간을 나답게 꾸려 나가는 이 모습이 SNS를 통해 여과 없이 드러나는 것. 이 기록과 꾸준함이 나를 계속 다른 곳으로 연결해 준다는 것을 사람들이 알았으면 좋겠다.

엄청난 목표를 세우고, 결심하고, 실행하는 것만이 꼭 최고의 성과를 내는 것은 아니다. 내 일상을 단정히 하고 잘 꾸려 가는 모습만으로도 누군가에게 영감을 주고, 시작할 수 있는 힘을 주고, 함께하고 싶은 사람이 된다는 걸 알았으면 좋겠다. 그 기록이 책이 되고, 강연이 되고, 돈이 된다. 그것은 인과관계로 일어나는 일이다.

그러니 뭔가 거창하고 거대한 것을 그리기보다는 지금 내가 할 수 있는 것부터 나답게 시작해 나갔으면 좋겠다. 스스로를 채찍질하기보다 작은 성취에도 다정하게 칭찬해 주면 좋겠다. 당장 눈앞의 성과에 조급해 하지 말고, 옆에 있는 사람들과 멀리 보고 걸었으면 좋겠다.

넌 눈부셔 그 이름 하나로
누구와도 같지 않은 너를 사랑해
무얼 하지 않아도 돼 너는 그저 너이기를
커피소년, 〈넌 눈부셔〉

각자 가지고 있는 자기만의 눈부신 모습으로 마음껏 온라인 세상에서 기록을 해 나가길 바란다. 누구와도 같지 않은 나를 기록하자. 할 수 있는 만큼 즐겁게. 미래의 어느 날, 너 참 멋지게 살았네, 라고 말할 수 있도록. 아울러 우리 아이들에게 엄마 정말 최고야, 라는 말을 들을 수 있도록. 나도, 너도, 응원한다.

가장 나다운 모습을 찾아서

엄마의 첫
SNS

초판 1쇄 인쇄 2022년 4월 15일
초판 1쇄 발행 2022년 4월 22일

지은이   곽진영 (나날)
발행인   서진
펴낸곳   이지퍼블리싱

편집진행   성주영
책임편집   정민규

마케팅   김정현 이민우 김이슬
영업   이동진 박민아

디자인   양은경

주소   경기도 파주시 광인사길 209, 202호
대표번호   031. 946. 0423
팩스   070. 7589. 0721
전자우편   edit@izipub.co.kr
출판신고   2018년 4월 23일 제2018—000094호

ISBN   979-11-90905-19-0 (03190)